MIJN LEVEN IN IRAN

Ana M. Briongos

MIJN LEVEN IN IRAN

De bazaar van Isfahan

ZILVER POCKETS
UITGEVERIJ SIRENE

Zilver Pockets® worden uitgegeven door Muntinga Pockets, onderdeel van Uitgeverij Maarten Muntinga bv, Amsterdam

www.zilverpockets.nl

Een gezamenlijke uitgave van Muntinga Pockets, Amsterdam en Uitgeverij Sirene, Amsterdam

Oorspronkelijke titel *La cueva de Alí Babá. Irán día a día*
© 2002 Ana M. Briongos / Grupo Editorial Random House Mondadori SL
© 2002 Nederlandse vertaling Uitgeverij Sirene, Amsterdam
Eerder verschenen als *De grot van Ali Baba. Een lente in Isfahan*
Vertaald door Corina Blank
Omslagontwerp Mariska Cock
Foto voorzijde omslag Image Store
Druk Bercker, Kevelaer
Uitgave in Zilver Pockets juni 2004
Tweede druk oktober 2004
Alle rechten voorbehouden

ISBN 90 417 6046 6 NUR 302

Opgedragen aan Hussein, Jamileh, Yusef en Sepideh

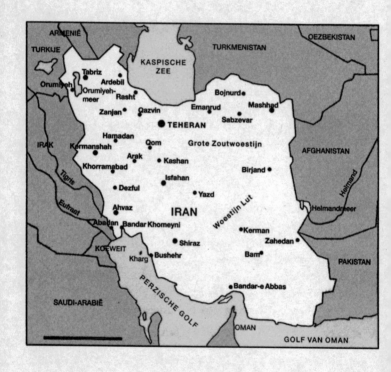

OPMERKING
VAN DE SCHRIJFSTER

Mijn bedoeling met dit boek is een algemeen idee te geven van het huidige Iran. De Iraanse kwestie is ingewikkeld en veel veroordelingen die worden gemaakt vanuit het westerse gedachtegoed zijn simplistisch en onjuist. Ik wil alleen het land iets dichter naar de lezers brengen door hun mijn beeld te geven van hoe Iran ademhaalt aan het begin van het derde millennium zodat iedereen zijn eigen conclusies kan trekken. Om voor de hand liggende redenen heb ik de namen van een aantal mensen veranderd en ook de ligging van een aantal plaatsen.

Tot slot een opmerking over de transcriptie: In Iran spreken ze Perzisch, een Indo-europese taal die zij Farsi noemen. Het Perzisch heeft veel Arabische woorden die in een enigszins gewijzigd Arabisch alfabet worden geschreven. Aangezien dit geen technisch boek is, heb ik bedacht dat het handig zou zijn om een transcriptiesysteem te gebruiken dat een aanvaardbare samenhang vertoont voor de mensen die de taal beheersen en dat tegelijkertijd niet moeilijk is voor hen die er niets van begrijpen. De woorden die eindigen op *eh* zoals *sofreh*, worden uitgesproken met de klemtoon op de *e*: *sofrè*, *khanè*, *maqnaè*... De klank die correspondeert met het Franse *je* schrijven we met een *j*. Voor de *sch*-klank heb ik gekozen voor de Engelse *sh*-klank van Shapur.

In de meeste gevallen heb ik de spelling van de schrijfster
overgenomen omdat de woorden ook in andere Europese
landen zo worden gespeld en men in het Nederlands verschillende spellingswijzen kan tegenkomen. Alleen van de woorden die in onze Van Dale of het Groene Boekje staan, heb ik
de Nederlandse spelling overgenomen.

INHOUD

1 Op de drempel 13

2 De wereld in een tapijt 18

3 Langgerekte schaduwen 36

4 De hemelpoorten 52

5 Een fluwelen droom 73

6 Engelengezicht 87

7 De werkmieren 106

8 Verlangen naar het vreemde land 128

9 Koninginnen en stiefkinderen 145

10 Verloren duiven 168

11 De verboden kus 183

12 De laatste regel 192

Chronologie 195

Woordenlijst 198

Bibliografie 202

Interessante webpagina's 204

Met dank aan 205

Bij gebrek aan een schuilplaats
ben jij mijn drempel
en enige rijkdom.

AMAL MASSUD KASHANI, 946

1

OP DE DREMPEL

Ik weet dat ik me opnieuw zal verwonderen en daarom ga ik ook. Het is een fascinerend idee dat ik me ga verdiepen in de verborgen aspecten van een tapijtwinkel, dat ik de uren van de dag ga doorbrengen met de verkopers en klanten, dat ik ga helpen met het serveren van dampende glaasjes thee en dat ik er zelf ook van zal genieten tussen de *alcatifas*, *kelims*, *sofrehs*, *jajims* en *namakdans*. Tientallen kleden, misschien worden het er in de loop van de dag zelfs honderden, die worden opgevouwen en uitgespreid, en die een wereld van stoffen, borduursels en knopen openbaren, de vrucht van het werk van vrouwen, kinderen en mannen uit Iraanse dorpen en steden. Het zal zijn alsof ik de grot van Ali Baba binnenga, die grot vol schatten die ons zo deed wegdromen toen we klein waren. En als toppunt van geluk ben ik welkom in het huis van een familie van een handelaar die werkt op de bazaar van Isfahan. Isfahan is, samen met Samarkand en Tombouctou, een mythische stad wier naam een fantasiewereld oproept. In de doolhof van geheime steegjes leefde de wijze Avicena haar leven en in haar paleizen stond sjah Abbas boven aan een schitterende hofhouding, omringd door ambachtslieden en dichters. Christenen die vanuit het noorden kwamen, bouwden aan de andere kant van de rivier een kathedraal en vulden die met engelen, en reizigers afkomstig uit alle hoeken van de beschaafde wereld beschreven haar schoonheid. Vanuit deze stad met turkooizen koepels en muren bedekt met tegels vol

13

bloemen en arabesken, probeer ik poolshoogte te nemen van Iran aan het begin van het derde millennium.

De eerste dagen van de lente van 2001 gaan voorbij en ik pak haastig mijn spullen in met het enthousiasme van iemand die zich voorbereidt op een liefdesavontuur. Ik laat zo veel mogelijk achter in mijn huis en ga met een bijna lege koffer en een onbezwaard gemoed op reis zodat ik die kan vullen met mijn aankopen, indrukken en nieuwe kennis. Zoals altijd pak ik mijn koffer op het allerlaatste moment, omdat er heel weinig dingen zijn waar ik niet buiten kan, maar ik vergeet niet om een overjas en een hoofddoek mee te nemen. Ik zal die twee kledingstukken binnen handbereik houden, zodat ik ze kan aantrekken en omdoen als ik in Frankfurt in het vliegtuig van Iran Air stap. Al het andere gaat in een behoorlijk grote koffer die bijna leeg vertrekt en vol terugkeert. Beter om ook wat kledingstukken mee te nemen die enigszins elegant zijn, denk ik terwijl ik inpak, want ik trek in bij een familie in wier huis ik zonder hoofddoek en overkleed zal kunnen lopen, en er zijn vast mensen die me bij hen thuis uitnodigen en die niet eisen dat vrouwen de islamitische sluier dragen die ze *hejab* noemen. Als dat niet het geval zou zijn en ik zou het land alleen maar als toerist bezoeken, dan zou ik niet meer dan een paar wijde broeken, een heel dunne blouse en het bijbehorende ondergoed nodig hebben, want niemand zou zien wat ik onder het verplichte islamitische uniform draag, en met de lentehitte is het het lekkerst om luchtig gekleed te gaan onder de *hejab*. Mijn reis wordt echter geen toeristisch uitstapje, maar een veel intensere ervaring. Ik ben opgewonden en zenuwachtig, want ik voel intuïtief aan dat deze radicale verandering van manier van leven voor mij als een spirituele kuur zal zijn, een manier om me te ontspannen van de spanningen die het gejakker in een grote Europese stad me bezorgt. Ik denk in Isfahan een leven te leiden waarbij ik me stipt houd aan een Aziatisch spreekwoord dat zegt dat haast een uitvinding van de duivel is.

Minder dan anderhalf jaar geleden ben ik in Iran geweest en heb ik het hele land met mijn man doorkruist. Daarvoor, in 1994, had ik het al bezocht, omdat ik wilde weten hoe het leven in het Perzië van na de islamitische revolutie was. Ik leerde Iran kennen in 1968 toen ik daar voor het eerst terechtkwam, nog heel jong, tijdens een reis naar het Oosten. Daarna kreeg ik een beurs om een cursus te volgen aan de Universiteit van Teheran, en later in de jaren '70 ben ik er een paar keer heengereisd voor mijn werk, tot ik ging trouwen en de kinderen kwamen. Terwijl ik moedertje speelde in Barcelona, kwam Khomeini naar Iran en het hele land stormde optimistisch de straat en de daken op om *Allah u Akbar*, Allah is groot, te schreeuwen. De islamitische revolutie kwam op dreef (1979). De sjiitische geestelijken namen de macht over, ze scheidden zich bruut af van de democratische leken van de regering en het land begon aan een eenzame tocht. Niet lang daarna brak de vreselijke oorlog tegen Irak uit die acht jaar duurde (1980-1988). Daarna volgde meer dan een decennium van vrede en stilte, een tijd die tot op de dag van vandaag duurt en waarin het volk veel dingen moest verwerken en vele doden moest herdenken. Vandaag de dag willen Iraniërs praten, nog steeds met moeite, maar ze uiten zich, en daarom ga ik erheen, bereid om te luisteren en omdat ik nog altijd verliefd ben op dit volk.

Liefde maakt blind, zegt men, omdat zij verder kijkt dan ogen op het eerste gezicht kunnen zien. Iran is geen vreselijk land, eerder het tegenovergestelde; het mag er trots op zijn dat het de bakermat is van een van de oudste beschavingen ter wereld en het bezit een ongelooflijk belangrijk monumentaal erfgoed, maar de laatste decennia gaat het gebukt onder een slecht imago. Er zijn dingen in Iran die ik mooi vind, maar er zijn ook dingen die me woedend maken, die me schokken, maar toch ga ik er keer op keer weer heen, misschien gefascineerd door de manier waarop er in dit land gespeeld wordt, en ik zeg spelen omdat me dat het juiste woord lijkt om de manier waarop de Iraniërs met elkaar omgaan te definiëren. Het is het spel van de sociale omgangsvormen, het grote spel, het grote theater.

Ik kom op een vrijdagmiddag aan in Isfahan, de wekelijkse vrije dag in islamitische landen. Mehdi haalt me op van het vliegveld en brengt me meteen naar zijn huis, dat mijn nieuwe huis wordt, waar zijn enthousiaste familie me met alle liefde die Iraniërs hun gasten bieden, verwelkomt. Mijn man en ik hebben deze familie per toeval op de bazaar leren kennen waar Mehdi een stoffenwinkel heeft. Op een dag toen wij door de overdekte steegjes wandelden, stopten wij verrast om een brokaat te bewonderen met een afbeelding van Laila en Majnun, een in Iran legendarisch verliefd stel uit een van de vijf epossen van Nizami. Ze waren verstrengeld in een omhelzing die heel normaal is voor mensen die van elkaar houden, maar die voor het postrevolutionaire Iran verrassend is, aangezien mannen en vrouwen in het openbaar altijd afstand van elkaar moeten bewaren. We praatten met de verkoper over deze paradox en merkten dat het een openhartige man was die gevoel voor humor had. De vrijdag daaropvolgend kwam hij 's middags met zijn vrouw Maryam en zijn kinderen, een jongen van twaalf, Yusef, een meisje van tien, Nazanin, en een jongen van negen, Ali, naar het theehuis aan het grote plein van Isfahan waar wij ook waren. We begonnen te kletsen alsof we oude bekenden waren en aan het einde van het gesprek wisselden we adressen uit en deden elkaar de bekende belofte dat we elkaar zouden schrijven. Maar in dit geval gingen de brieven over en weer gedurende bijna twee jaar. Meestal was het de oudste zoon die me schreef, maar soms ook de dochter en het jongste kind; hun vader en moeder voegden altijd een paar woorden toe en regelmatig nodigden ze me uit voor een bezoek en zeiden dat ik bij hen kon logeren. Uiteindelijk vond ik een moment om de uitnodiging aan te nemen en hier ben ik dan. Toen ik ze twee maanden geleden schreef over mijn project om een tijdje in Isfahan door te brengen en het leven daar van dichtbij te leren kennen, had ik niet verwacht dat ze zo snel en zo dringend en sober zouden reageren: We verwachten u, *khanume* Ana, uw komst zal voor ons een zegen zijn.

2

DE WERELD IN EEN TAPIJT

Sinds een paar dagen woon ik in Isfahan. De familie die me onderdak verleent, heeft me allerhartelijkst verwelkomd en ik probeer te wennen aan het samenleven met hen. Aanvankelijk wist ik niet of ik het er zou uithouden, want het kostte me moeite om samen met kinderen in een huis te leven nu mijn eigen kinderen al ouder zijn. Je kunt niet in Iran leven als je veel waarde hecht aan je privacy en stilte. Als ik besluit om bij deze familie te blijven, dan moet ik me aanpassen en vanaf nu het samenleven, de ontboezemingen, de vreugde en de drukte als een kostbaar goed beschouwen; alleen dan zal ik gelukkig zijn.

Het huis waarin we wonen, bevindt zich op de eerste etage van een gebouw met twee verdiepingen en een garage vlak langs de straat. Het is een modern gebouw en de opvallende bakstenen van de voorgevel hebben de typische lichtgele kleur van de stenen die worden gemaakt door de steenfabrieken in Qom. Op de overloop, zoals vaker het geval is in huizen van Isfahan, zie je een tentoonstelling van schoenen, sportschoenen en sloffen van de familie, en alleen al door er langs te lopen, kun je raden om wat voor familie het gaat, hoeveel gezinsleden er zijn, of er alleen volwassenen of ook kinderen zijn, of ze aan sport doen of dat ze alleen naar de bazaar lopen. Omdat het een traditioneel Iraans huis is waar overal tapijt ligt, trek je je schoenen uit als je naar binnen gaat. Hoewel de voordeur van geschilderd ijzer en geslepen glas altijd gesloten is en alleen via de intercom geopend kan worden, zijn de overloop en de trap gemeenschappelijke ruimtes en is het daarom ook hier verplicht om de chador te dragen. Als Maryam, de vrouw des huizes, en de buurvrouw van boven op de overloop staan te praten, dan hebben ze altijd hun chador met bloemetjes om, die ze alleen binnenshuis dragen; voor op straat hebben ze een zwart satijnen chador.

De etage heeft horizontale ramen die alleen van boven open gaan, waardoor degenen die binnen zitten de hemel zien en de buren aan de overkant niet naar binnen kunnen kijken. Ik maak daaruit op dat dit een weldoordachte architectuur is om de privacy te beschermen. Het gevolg is dat als ik wil zien wat er op straat gebeurt, ik op een stoel moet klimmen. En ik klauterde dan ook op een stoel toen ik de dag na mijn aankomst in Isfahan, verbaasd door het gesnik dat van buiten afkomstig was en dat ik hoorde toen ik in de keuken stond, wilde weten wat er aan de hand was. Aan de overkant van de straat stond achter een muur, rijkelijk beschilderd met rouwranden met koranverzen, een huis. Ik zag een groep vrouwen omhuld met chadors huilen in een kamer waarvan de deur wagenwijd openstond en waar tapijten en sierkussentjes op de grond lagen. Er kwamen vrouwen te voet of met de auto naar het huis om mee te huilen. In de deur van de muur ontving een meisje in spijkerbroek en sportschoenen hen glimlachend en stuurde ze door naar de kamer aan de andere kant van de patio, die ik vanuit het raam kon zien. Zo vonden Maryam en de kinderen mij toen ze de keuken binnenkwamen: op mijn tenen op de stoel, mezelf vasthoudend aan de rand van het raam en proberend om mijn hoofd zover mogelijk naar buiten te steken. Ze moeten nog lachen als ze eraan terugdenken. Aangezien het de maand Moharram was, legde Maryam me uit, werden er in het huis tegenover rouwbijeenkomsten gevierd, alleen door vrouwen, die wekenlang duurden. Daaraan doen, naast familieleden en vrienden, ook vrouwen mee uit de wijk, kennissen of onbekenden. In de buurt is bekend wanneer en in welk huis zo'n bijeenkomst wordt georganiseerd, en het nieuws gaat van mond tot mond.

De woning van Mehdi en Maryam heeft een grote ontvangkamer waarvan de vloer helemaal bedekt wordt door een kashantapijt dat een rode ondergrond heeft met in het midden een medaillon. De ouders besloten vorig jaar een tafel met zes stoelen te kopen om de kinderen te laten wennen aan tafel te eten. In een huis dat alleen versierd wordt met tapijten en kussentjes, is een tafel met zes stoelen hemeltergend, een sta-in-de-weg, een pukkel op een dunne, gladde huid, maar men moet begrip hebben voor het opvoedkundige idee achter de koop; je moet kinderen toch leren aan een tafel te eten. In dit huis is de opvoeding van het grootste belang, en zowel de vader, wanneer hij thuiskomt van de bazaar, als de moeder, steken er al hun tijd en energie in. De muziekinstallatie staat ook in deze kamer, want als er gasten zijn, wordt er vroeg of laat altijd muziek opgezet om te dansen.

Aan de ene kant van de belangrijkste kamer zijn twee ruimtes, eentje die je als bijvertrek zou kunnen beschouwen, want er is geen deur om de kamers te scheiden en die gebruikt wordt als huiskamer. Hier staan de televisie, de video en de dvd-speler. Deze kamer met een groot *gabbeh* en sierkussentjes op de grond wordt door de ouders ook als slaapkamer gebruikt. 's Avonds rollen ze twee matrassen uit die ze overdag bewaren in een kleedkamer. De andere ruimte is de kinderkamer. Daar staan een tafel met computer, een boekenkast en drie bedden. Een kapstok met veel haken hangt stampvol rugzakken, jassen en vesten.

Aan de andere kant van de woonkamer ligt de keuken, een grote ruimte met *kelims* op de grond waar de samowar altijd in gebruik is. De eerste die opstaat, vult hem met water, steekt het gas aan en doet de theeblaadjes met water in de theepot. Maryam heeft behalve een vaatwasmachine, een magnetron, een fornuis met oven en een enorme koelkast. Ook is er een overvolle vriezer, alsof er elk ogenblik een kernoorlog zou kunnen uitbreken waarvoor je proviand in huis moet hebben. Hoewel het fornuis en de gootsteen net als in onze huizen op een hoogte zijn bevestigd waarbij je staand kunt koken en afwassen, wordt al het andere op de grond gedaan, op de *kelims*. Maryam en ik zitten dan ook vaak op de grond in de keuken te kletsen met een glas thee naast ons, terwijl we groenten schoonmaken. Aan het einde van de dag, of ik die nu thuis of in de bazaar heb doorgebracht, heb ik sloten thee gedronken.

Naast de keuken geeft een deur met matglas toegang tot een halletje waar twee andere deuren op uitkomen, een voor de wc en de andere voor de *hammam*. In het halletje staan twee paar plastic slippers, een wit en een grijs paar. De witte worden gebruikt voor in de *hammam*, de grijze voor op de wc. Ze zijn behoorlijk groot omdat iedereen in huis ze aan moet kunnen. Het is een Turkse of Perzische wc: een aardewerken bak die verzonken ligt in de vloer met daarin een gat en aan elke kant een geribbeld vlak om je voeten op te zetten. Een slang met een kraan voor warm en koud water dient om je schoon te spoelen. Het is ongebruikelijk om wc-papier te gebruiken, noch in dit huis, noch in elk traditioneel Iraans huis. De *hammam* is een ruimte met een afvoerput in het midden, een douche in de ene hoek, een wasmachine met droger in de andere, kleerhaken en een wasrek.

In Teheran hebben veel huizen een Europese badkamer en twee toiletten, een Europese en een Perzische, zodat je kunt kiezen, maar in traditionele huizen in de provincie heb je alleen de Perzische wc. Aangezien het gebruik van wc-papier niet gangbaar is, kun je maar beter snel wennen aan het schoonspoelen met de waterslang. In het studentenhuis waar ik woonde toen ik hier naar de universiteit ging, waren Europese toiletten en in de huizen waar ik vaak kwam hadden ze meestal twee soorten toiletten. Later heb ik vele jaren gelogeerd in luxe hotels van grote hotelketens die overal ter wereld hetzelfde zijn. Als ik door het land reisde, zorgde ik er altijd voor om een rol wc-papier bij me te hebben. Deze keer in Isfahan heb ik besloten me aan te passen en al hun gebruiken in alle opzichten over te nemen. Ik gebruik dan ook de waterslang om me net als alle Iraniërs schoon te spoelen en ik heb meteen aangeleerd om geen natte voeten te krijgen en om goed te richten. Ik heb gemerkt dat dit gebruik het meest hygiënisch is en je voelt je er schoon en fris door. De gewoonte is om je linkerhand te gebruiken bij het schoonspoelen en je rechterhand om mee te eten, en hoewel de Iraniërs hierin niet heel strikt zijn, is het toch beter om je aan deze regel te houden. Maar wat doe je met een nat achterste? Dat is de grote vraag die ik eindelijk aan Maryam durf te stellen. 'Gewoon je broek ophalen,' antwoordt ze, en op dat moment begrijp ik waarom zowel mannen als vrouwen zich vanouds helemaal ontharen. Maryam vertelt me dat haar opa naar de openbare *hammam* ging en dat hij zich onthaarde met een product dat hij in de bazaar kocht en dat een typische lucht had, een vieze lucht zegt ze, die vrijkwam als je het oploste in water, en dat nog steeds wordt verkocht. Ze vertelt me ook dat haar geloof het aanraadt om lichamelijke beharing te verwijderen en dat dit gebruik nog steeds in traditionele milieus in ere wordt gehouden.

'Het is veel goedkoper dan de geïmporteerde ontharingscrème die in de parfumeries van Chahar Bagh wordt verkocht, maar de jongeren van tegenwoordig weten waarschijnlijk niet van het bestaan af van de poeders die hun opa's en oma's gebruikten, of ze beschouwen ze als iets ouderwets en vies,' vertelt ze lachend, en we besluiten om een beetje van dat product in de bazaar te kopen zodat ik het kan proberen.

De vrijdag, de wekelijkse feestdag, besteden we gewoonlijk aan het badritueel, een goede *hammam* nemen. Dat betekent niet dat je een bad neemt, want dat kennen ze niet en bovendien hebben traditionele Iraanse huizen geen bad, maar dat je alle tijd neemt om je nat te maken, je schoon te schrobben met een washand van paardenhaar, je te ontharen, je nagels te knippen en om te genieten van een moment alleen in de badkamer van het huis. Aangezien op vrijdagochtend alle gezinnen zich wassen, raakt het water op en is er altijd wel iemand die zich op dat moment nog aan het inzepen is. 'Maar je mag niet met natte haren naar buiten komen,' vertelt Maryam me ondeugend. 'Nat haar zorgt altijd voor veel hilariteit onder de mannen. Het is namelijk een religieuze plicht om je helemaal te wassen nadat je de liefde hebt bedreven. Vrouwen hebben dit probleem niet, want de chador verbergt alles en wij kunnen dan ook zonder problemen rustig naar buiten om te wandelen,' eindigt ze met een grote grijns op haar gezicht. Ik beschouw haar nu al als mijn vriendin.

Nu we het toch over wandelen hebben. Mijn familie uit Isfahan woont ten oosten van het Naqsh-e Jahan Plein, letterlijk vertaald 'beeld van de wereld', tegenwoordig Emam Plein genoemd, en op een half uur loopafstand van de bazaar. Dat weet ik omdat ik altijd te voet naar de grot van Ali Baba ga en of ik nu via Ahmad Abad of via Felestin ga, ik doe er altijd ongeveer even lang over. Ik hoef maar even in de bazaar te lopen of mijn reukzin is me dankbaar voor dit tochtje: de geur van leer als ik de hoek waar alleen schoenen worden verkocht doorkruis, de geur van honing als ik langs de winkel met zoetwaren loop, de geur van vlier en wierook, van verloren gewaande paradijzen, en een bedwelmende mengeling van exotische geuren, als ik in het halfduister van het overdekte steegje de kruidenwinkel nader die vlakbij de grot is.

De grot van Ali Baba ligt verborgen achter een gordijn dat naar beneden hangt vanaf een open spitsboog in een muur, achterin een ruime vestibule die volkomen bedekt is met tapijten – de grond, de muren en het plafond –, en die uitkomt op een klein straatje van de bazaar. Achter het gordijn leiden een paar traptreden naar de schatkamer met stapels tapijten, allemaal perfect opgevouwen en geordend of over elkaar uitgespreid. Aan de muren hangen de volmaaktste en mooist afgewerkte wandkleden naast zadeltassen en paardentuig, *kelims en sofrehs*, en een collectie glimmende samowars staat op een rij uitgestald op een gebarsten rand in de muur. In een hoek is een plek gecreëerd waar een paar Turkmeense *poshtis* (grote rugkussens) verdeeld over de tapijten langs de muur liggen en zitplaatsen bieden, en waar je je kunt terugtrekken om thee te drinken of om te praten. Aan de andere kant van de grot herinneren een bureau en een kluis me eraan dat het hier niet gaat om een paleis, noch om een geheime schuilplaats, maar om een zaak waar dingen worden gekocht en verkocht en waar geldbiljetten komen en gaan. Achter een kamerscherm staat een samowar altijd te pruttelen, met daarop de theepot, een paar kristallen glaasjes met een gouden randje, suiker, *shirinis* (zoetwaren) en een kraan. Beneden zijn de magazijnen, de toiletten, de keuken, het kantoor met de computer en de *hayyat*, een patio achterin die ligt tussen muren waarachter de Turkse koepel van de moskee en zijn twee ranke minaretten afsteken tegen een strakblauwe hemel. In de patio laat een moerbeiboom zijn eerste lenteblaadjes zien en in zijn schaduw worden de warme en lawaaiige lunchuurtjes van Isfahan fris en stil, slechts het nabije getjilp van een paar vogels of het heimelijke gezang van de moëddzin doorbreken de stilte en brengen je tot mijmeren. De bladeren van de moerbeiboom steken donker en dansend af tegen de witgekalkte muren terwijl Hassan, een van de jongens die in de grot werkt, de rozenstruiken in een border met zorg water geeft met een groene tuinslang die aan een kraan is bevestigd. Het is een jonge man met zwart haar en een volle baard die hij goed kort houdt. Hij gaat altijd goed gekleed, is competent en gevoelig. Hassan zorgt voor de rozenstruiken in de patio en een paar gladiolen die bij de boom groeien, met de liefde en toewijding van een tuinman.

De grot van Ali Baba is een mannenwereld. In een oorfauteuil, het enige meubelstuk in de grot, naast de tafel en de stoel van het kantoor, zit Haji Baba, een man met een witte baard en grijzend haar die altijd een bruin pak draagt met een wit overhemd met een slappe kraag, witte sokken en sandalen en die in zijn handen een stok heeft waar hij mee speelt en zich vermaakt. Iedereen noemt hem uit respect Haji Baba, vanwege zijn witte baard en omdat hij al een bedevaart naar Mekka heeft gedaan, iets wat alleen verplicht is als je gezond genoeg bent om de tocht te volbrengen en over voldoende middelen beschikt. Het is een zwijgzame maar opmerkzame man, en hoewel zijn verschijning onopvallend is, ontgaat zijn waakzame blik niets. Als hij besluit te praten, dan doet hij dat als een wijsgeer. De hele bazaar van Isfahan is immers zijn leerschool geweest. Hij werkt er sinds zijn tiende. Aangezien hij geen zonen had, werden hij en zijn neef Reza compagnons toen die vanuit zijn geboortestad in het noorden van Iran naar Isfahan kwam om verder te komen in de wereld van de tapijthandel. Haji Baba had al een winkel op de bazaar en de jonge en levenslustige Reza stond te popelen om veel geld te verdienen en werkte van 's morgens vroeg tot 's avonds laat.

U vraagt zich vast af wat een indringster als ik te zoeken heeft in een grot als die van Ali Baba waar zoveel mannen en zo weinig vrouwen te vinden zijn. Welnu, ik leerde Reza de tapijtverkoper kennen toen ik ruim anderhalf jaar geleden met mijn man in zijn winkel belandde nadat een zeer beleefde en charmante jongeman die op ons was afgestapt, ons op de zaak had gewezen. Dankzij zijn prachtige ligging was het elke dag rond het middaguur de plek waar allerlei soorten reizigers bijeenkwamen en dat vond ik leuk. 's Middags scheen de zon er pal op en kon je er nauwelijks adem halen, maar bij het vallen van de avond veranderde hij opnieuw in een club. Degenen die daar hard werkten, hielden van een praatje; en ik zag dat ze geen onderscheid maakten tussen de reizigers en dat ze, zodra ze iemand in het oog kregen die moe en bezweet was, hem een krukje en een glas thee gaven, en vervolgens mengde de nieuwkomer zich in het gesprek. Daar leerden we een grijzende Venezolaan kennen die per fiets reisde. Hij vertelde dat toen hij alleen en moe over een weg in Turkije reed, hij aangehouden werd door een vrouw in een gammele bak die hem aanbood hem te begeleiden voor het geval hij tijdens zijn reis iets nodig mocht hebben, en daar gingen ze met zijn tweeën, helemaal in hun nopjes. Een Japans broekie zonder baardgroei zocht tussen de allerkleinste kleden een *sofreh* uit die vanaf dat moment als vlag dienst zou doen. Een Duitser kwam geëmotioneerd een kleed laten zien dat hij net in Teheran had gekocht, een klein en antiek tapijt dat net in zijn attachékoffertje paste, en waarvan hij zeker wist dat het een echt museumstuk was. De jongelui die er werkten, een groep mooie en aardige jongens die op de bazaar naar klanten zochten en onvermoeid tapijten uitspreidden en opvouwden, keken, luisterden, leerden en zwegen. We doopten ze om tot 'Ali Baba's team'. De tapijtverkoper, Reza, was een slimme handelaar uit Mashhad, een energieke man met moderne ideeën, die de spil van de zaak was. Elke dag gingen we even naar de winkel om wat te kletsen, zoals we ook elke middag thee gingen drinken in de *chaikhaneh* die zich bevond op het dakterras van het grote Naqsh-e Jahan Plein, vlak naast de poort van de bazaar, om er de zon achter de koepel van de grote moskee onder te zien gaan. We liepen over dit monumentale plein dat sinds de islamitische revolutie was omgedoopt tot het Emam Plein en dat was gebouwd in opdracht van sjah Abbas, een Safavidische liefhebber van kunst en luxe. Het was september, er waren weinig toeristen in Isfahan en de stad liet zich van haar mooie kanten zien, van de parken tot de moskeeën en de paleizen. Isfahan, de schone... Ik bedacht toen dat ik hier graag een tijdje zou willen doorbrengen om op mijn gemak van het dagelijkse leven hier een gewoonte te kunnen maken, om steeds door dezelfde straatjes te kunnen lopen, om keer op keer dezelfde winkels binnen te gaan totdat mijn aanwezigheid niet meer vreemd zou zijn en zelfs verwacht zou worden. Het zou fantastisch zijn om hier een tijdje te leven, ondergedompeld in de sfeer van een plek waar honderden, wellicht duizenden tapijten lagen, en ik rustte niet voor ik een officiële uitnodiging had gekregen. In de grot van Ali Baba was ik voor een tijdje welkom, en hier ben ik dan, klaar om een ander facet van het mysterieuze Iran te proeven, die van de traditionele bazaar.

Tijdens ons eerste bezoek vertelde Reza, die goed geïnformeerd is en artikelen in verschillende talen over de wereld van de tapijthandel ontvangt en leest, dat er in de jaren '50 en '60 van de twintigste eeuw in Iran vijf miljoen vierkante meter tapijten met de hand werd geknoopt door een miljoen werknemers. 'Tegenwoordig produceert Iran 7,6 miljoen vierkante meter en men schat dat meer dan twee miljoen mensen leven van deze industrie die een ongelooflijk belangrijke plaats inneemt in de economie van het land. Hoewel het maar 2,5 tot 4,5 procent van het bruto nationaal product vertegenwoordigt, levert de tapijtindustrie na de olie-industrie de meeste deviezen, want 80 procent van de productie wordt geëxporteerd.'

Haji Baba, die alles in de gaten hield, onderbrak hem zo nu en dan, alsof hij ontwaakte uit zijn gepeins om zich, nadat hij ons de les had gelezen, weer terug te trekken in zijn eigen gedachtewereld. Hij wilde met alle geweld dat we begrepen dat een tapijt niet alleen maar een voorwerp zonder geschiedenis is dat we in een willekeurige winkel op de bazaar kochten, maar dat er vijfendertig branches gerelateerd zijn aan deze industrie die werk biedt aan en in het levensonderhoud voorziet van een grote groep Iraanse arbeidskrachten, vooral aan degenen uit achterstandsgebieden, en dat de uitbreiding van de tapijtproductie in veel gevallen de enige oplossing is geweest voor een groot aantal politieke en economische problemen.

'De makers van tapijten zijn over het algemeen mensen van het platteland die in dorpen leven, en in Iran zijn zo'n zesentwintigduizend dorpen waarvan de inwoners werkzaam zijn in deze sector, vooral vrouwen,' meldde Haji Baba.

Sjah Abbas was de grote stimulator van de tapijtkunst, wist de oude man ons te vertellen toen hij de gouden eeuw van de tapijten, tussen de zestiende en zeventiende eeuw, in herinnering bracht. Hij stimuleerde dat de tapijten die de nomaden verkochten, naar de dorpen en steden werden doorgevoerd toen hij in de hoofdstad van zijn rijk, Isfahan, de koninklijke tapijtfabriek oprichtte, en contracteerde de beste ambachtslieden en kunstenaars om daar te komen werken, en stelde bovendien ambtenaren aan die zich bezighielden met de kwaliteitscontrole.

'In een aantal schilderijen van de Italiaanse Renaissance duikt al de figuur van de verzamelaar van oosterse tapijten op,' onderbrak de Venezolaan die per fiets reisde en een wandelende encyclopedie bleek te zijn. Vervolgens vertelde hij dat de export van deze ambachtelijke kunstwerken naar Europa in de vijftiende eeuw was begonnen, en dat er twee eeuwen later geen paleis, herenhuis of kasteel was waarvan de vloeren van de belangrijkste kamers niet waren bedekt met deze unieke kleuren en geometrische figuren, het resultaat van jaren geduldig werk van duizenden handwerkers uit alle landen tussen de Middellandse Zee en China. Ook al krijgen oosterse tapijten bij ons altijd de kwalificatie Perzisch, in werkelijkheid is de kunst van het knopen en het verven van woldraden, katoen en zijde, het erfgoed van nomadenstammen uit verschillende landen. We moeten hen dankbaar zijn omdat zij de techniek hebben bewaard en overgeleverd, ook in tijden van verval van de grote dynastieën, toen de handwerkslieden die zich in de hoofdsteden van de verschillende rijken hadden gevestigd, de bescherming van de vorsten kwijtraakten en er geen opdrachten meer uit de grote paleizen kwamen. De nomaden brachten de tapijtkunst over naar de Kaukasus, Turkije, Afghanistan en naar veel andere Aziatische streken. De Arabieren namen haar van hen over en verspreidden haar over de islamitische landen. Dankzij opeenvolgende golven van invasies en het komen en gaan van verschillende culturen verbreidde deze bijzondere ambachtelijke kennis zich over veel gebieden. Alleen de volkeren die gewend waren om voortdurend van streek te veranderen zonder daarbij hun identiteit te verliezen, wisten een traditie in ere te houden waarvan de oorsprong vast en zeker nog voor de tiende eeuw voor Christus ligt.

'Het oudste Perzische tapijt,' onderbrak Reza, 'werd ontdekt door een Russische professor die Rudenko heette, in 1949, tijdens de uitgraving van een graftombe in Siberië. Het was bewaard gebleven, zei men, dankzij de lage temperaturen, en men schatte dat het ouder was dan 2400 jaar. Vóór deze ontdekking was het "Ardebili" het beroemdste tapijt dat bewaard was gebleven en dat een prachtig opschrift heeft van Amal Massud Kashani, 946: "Bij gebrek aan een schuilplaats ben jij mijn drempel en enige rijkdom."'

Die woorden deden mij op een intuïtieve en rake wijze, alsof het ging om een openbaring, de vergaande waarde van een tapijt inzien: voor een nomade die gewend is aan een leven van trekken van het ene naar het andere land, waren die wonderlijke knopen van wol de grond van een thuis dat hij nooit zou hebben. Door zijn tapijt te gebruiken om erop te liggen of om er zijn weinige etenswaren op uit te spreiden, had de nomade geleerd om onderscheid te maken tussen wat van hem en wat van een ander was: deze rechthoek van geweven draden was zijn wereld, en daar had hij genoeg aan.

Dankzij Reza ontdekten we dat de mooiste tapijten met

bloemen, bomen, nachtegalen en herten uit Kerman, Qom en andere woestijnsteden kwamen, daar waar de natuur niet rijk is aan bomen en rivieren en de bewoners de gierigheid van de natuur compenseerden door alles wat zij niet hadden te verwerken in het ontwerp van het tapijt. Zo werden emoties, herinneringen, dromen en hersenschimmen, het verleden en de toekomst opgesloten in een paar wollen draden die in staat waren om een universum aaneen te rijgen.

De tapijthandelaar vertelde ook dat als tegenwoordig een Iraanse familie een lening bij een bank wil afsluiten, zij de tapijten die ze bezitten als onderpand kunnen geven. De nationale bank beschikt over een aantal experts die ze taxeren en over geblindeerde depots waar ze beschermd met naftaline worden opgeslagen.

'En dat niet alleen,' zei hij. 'Tapijten zijn in Iran een erkende investering met veel voordelen. Hun prijzen dalen nooit, hun waarde stijgt met de tijd, niet alleen vanwege de geldontwaarding, maar ook omdat elk willekeurig Perzisch tapijt meer waard wordt naarmate er meer overheen is gelopen. Een tapijt dat na twintig jaar gebruik nog steeds kleurecht is en geen slijtageplekken vertoont, biedt genoeg garantie dat het nog lang meegaat, uiteraard meer dan driehonderd jaar.'

'Aan de andere kant heeft het tapijt een bijzondere positie als eigendom...', als Reza aan het woord was, dan kon niemand hem stoppen en Haji Baba zakte opnieuw weg in zijn sluimering aangezien zijn protégé het vaandel met gezag had overgenomen. 'Het heeft veel waarde en is duurzaam, maar omdat het verplaatsbaar is, hoef je er geen successierechten over te betalen als je het erft. Alleen gouden en zilveren sieraden zijn een bezit dat hiermee te vergelijken is, ofschoon de koers afhankelijk is van variabelen die onderhevig zijn aan enorme schommelingen, zoals de prijs van het goud en de convertibiliteit van de valuta's. Perzische tapijten ontsnappen net als kunstwerken aan deze beperkingen en vormen daarom een interessante investering in Iran. De basis van hun bijzondere waarde ligt in de exclusiviteit van de productietechnieken, en, waarom ook niet, het enorme aantal uren arbeid dat in een tapijt is gestoken. Aan een redelijk exclusief tapijt van twee bij drie meter moet iemand ruim anderhalf jaar hele werkdagen besteden. Het geheim van het Perzische tapijt schuilt in het aantal knopen per oppervlakte-eenheid, en elk knoop vereist de vaardigheid van een paar kundige handen.'

'Een andere bepalende factor voor de kwaliteit van de Perzische tapijten,' vervolgde de geweldige verkoper nadat hij ons nog een glaasje thee had ingeschonken, 'is de kleur van de draden. Eeuwenlang waren de wijze van het verkrijgen van natuurlijke kleurstoffen en de verftechniek een geheim dat zorgvuldig bewaard werd en alleen van vader op zoon overging. De wol en de zijde werden geverfd met stoffen die waren verkregen van bepaalde planten, mineralen, soorten aarde: van de schil van de granaatappel wonnen ze felgeel, van saffraan heldergeel; donkeroranje kregen ze uit de bladeren van de henna, de verschillende tinten rood kregen ze uit een wortel die *ronas*, meekrap, wordt genoemd en de indigo gaf blauwe kleurstof...'

'De gebruikte vezels zijn altijd natuurlijk en zijn afkomstig van het vee dat specifiek is voor elke streek: wol van schapen, geiten en vooral kamelen waaraan katoen en zijde wordt toegevoegd.'

'Wat voor soort knoop het ook is, het grote wonder van de perzen is dat elk tapijt absoluut uniek is. Je moet niet vergeten dat alle knopen stuk voor stuk met de hand zijn gemaakt, de patronen vertonen allemaal kleine kleurverschillen, zelfs de geometrische figuren die zo op het oog symmetrisch lijken. De handwerkslieden brengen een heel gamma aan van mogelijke combinaties binnen eenzelfde, herhaald motief. Een waar liefhebber van het Perzische tapijt kan zich uren en dagen vermaken met het ontdekken van kleurvariaties die nauwelijks zichtbaar zijn in de symmetrie van het ontwerp. Zelfs een liefhebber van de combinatieleer zou een flinke poos bezig zijn om op handen en knieën zijn vaardigheden uit te oefenen op een van die wonderen van wol en zijde...'

Reza, die een buitengewone verkoper was, en nog steeds is, wist dat hij die dag geen enkel tapijt zou verkopen aan ons die naar hem luisterden, maar hij wist ook dat hij op zijn minst met zijn aanstekelijke enthousiasme onze nieuwsgierigheid zou prikkelen en dat die belangstelling op de lange duur zou veranderen in een obsessie. 'De wereld maakt vele omwentelingen,' moet Reza hebben gedacht; 'en aangezien Allah altijd rechtvaardig en barmhartig is, zal hij ervoor zorgen dat een van deze reizigers terugkeert en een tapijt zal kopen.' Wie zaait, zal oogsten en hier ben ik dan, anderhalf jaar later, aandachtig luisterend naar alles wat de meester mij wil vertellen.

Nu weet ik inmiddels dat een tapijt in het Midden-Oosten meer is dan een luxe. Het is tegelijkertijd een opeenhoping van ambachtelijke kennis, een bron van geld, de vloer van de nomade, de pracht en praal van paleizen, plek voor het gebed, getuigenis van een duizendjarige cultuur en een pad waarlangs je kunt dwalen met je blik en met je geest. De hedendaagse neo-oriëntalisten hebben op dit laatste aspect de nadruk gelegd omdat ze in de geometrische ontwerpen van de stof bepaalde mandala's zagen van mystiek-religieuze oorsprong. En inderdaad zijn veel van de patronen zodanig gevormd dat als je er aandachtig naar kijkt, ze de dubbele gewaarwording van totaliteit en versnippering produceren. Figuren die volledig en gesloten zijn, maar die tegelijkertijd zo complex zijn dat al naar gelang iemand zich er meer en meer in gaat verdiepen, hij steeds meer het beeld van het aanvankelijke schema kwijtraakt. Maar het zou een beperking van de ambachtelijke vaardigheid zijn om alles te reduceren tot de transcriptie van symmetrische codes. Een unieke vondst waarvan ik jaren geleden rechtstreeks getuige was, bewijst de volkomen persoonlijke inventiviteit die altijd kenmerkend is voor mooie ambachtelijke traditis. Toen wij meereisden met een archeologische expeditie, vóór de revolutie, die op weg was naar het zuiden van Iran, ontdekten we in een grot vlakbij de opgravingen een vrouw die haar tapijt aan het knopen was. Het was al bijna voltooid. De duizenden knopen in verschillende kleuren waren met veel zorg uitgerekend en klaar om het beeld te reproduceren van een Andalusische flamenco-danseres in haar typische jurk met stroken aan de onderkant, die op de achtergrond werd vergezeld door twee figuren met een hoed uit Cordoba op. Het oude vrouwtje had de afbeelding van een ansichtkaart waarvan onduidelijk was hoe of wanneer ze die had gevonden, maar die ze erg mooi vond vanwege de vormen van de figuren en de kleuren. Ze bewaarde hem zorgvuldig totdat ze een punt zette achter haar gebruikelijke werkzaamheden om in de laatste fase van haar leven waarin ze gevrijwaard was van dagelijkse verplichtingen, zich helemaal te wijden aan de reproductie van *haar* beeld.

'In de negentiende eeuw, toen in de westerse wereld oosterse objecten in de mode raakten, vestigden een paar buitenlandse bedrijven zich in Iran en zetten een tapijtindustrie op,' vertelde Reza tijdens een pauze nadat hij net twee Noorse toeristen die op zoek waren naar *beautiful rugs* tegen afbraakprijzen, op onvriendelijke wijze de winkel uit had gebonjourd. 'De fabrieken verdwenen na de Eerste Wereldoorlog en lieten een tamelijk somber panorama achter. De productie kwam weer exclusief in handen van de nomaden en particulieren totdat de staat zich ermee ging bemoeien en de *sherkat-e farsh* oprichtte. Dat waren staatsfabrieken waarin een groot aantal mensen werkzaam was. Ze brachten het percentage mannen in verhouding met het aantal vrouwen en kinderen, dat tot dat moment in deze sector werkte. Zo'n herorganisatie van het werk, met de regulering van de werksituatie van de arbeiders en het verbod op het in dienst nemen van kinderen onder de twaalf jaar, betekende een stijging van het gemiddelde salaris en daarmee stegen ook de productiekosten en de verkoopprijzen en kwam de kwaliteit terug. Na de revolutie werden langzamerhand steeds meer plattelandscoöperaties opgericht die toezicht houden op hun leden, de grondstoffen leveren en tegelijkertijd de tapijten voor billijke prijzen kopen en zorgen dat deze in de handel worden gebracht.

Tapijten uit de stad of tapijten van nomaden, daarin zit het grote verschil. De eerste zijn stijlvol, volledig symmetrisch, bont geschakeerd met arabesken, bloemen, vogels, verfijnde ontwerpen met superdunne lijntjes en duizenden knopen per vierkante decimeter. Ze worden altijd gefabriceerd volgens een patroon dat op een geruit papier is getekend, en hun waarde is afhankelijk van hoe perfect het tapijt geknoopt is en hoe de kleuren zijn. De laatste, algemeen bekend als nomadentapijten, zijn vrolijk, decoratief, vaak onregelmatig, geknoopt in de schaduw van een tent of een plattelandshuisje, altijd uit het hoofd gemaakt volgens de patronen van de voorouders van een stam, een familie, een volk of een streek. In dit geval zorgen de fouten en de kleurverschillen er juist voor dat de prijs van het tapijt stijgt in plaats van dat het minder waard wordt, omdat die onregelmatigheden het stuk uniek maken.'

Terwijl ik zit te wachten op een stapel tapijten, Haji Baba in zijn stoel slaapt en Reza druk in de weer is met de glaasjes thee naast de samowar, bedenk ik weer hoe moeilijk het is voor mensen met een westerse mentaliteit die het druk hebben met hun beslommeringen en gewend zijn aan een gejaagd leven, functionaliteit en wegwerpartikelen, om de werkelijke, enorme waarde te waarderen van deze tapijten die vaak het belangrijkste bezit zijn van een willekeurige nomade in de woestijn: een duurzame en geliefde vloer zonder welke deze herder zich onmogelijk zou kunnen verplaatsen en zonder

welke er van het theeritueel, een moment van rust en ont-
spanning, niets meer zou overblijven. Onder de hoge Aziatische hemel raakt de wereld van de wijs en ons bekende cliché
'als je maar een dak boven je hoofd hebt' verandert in 'als je
maar een tapijt hebt om op te leven'.

3

LANGGEREKTE SCHADUWEN

Ik ben al uren en dagen in de grot van Ali Baba en ik krijg er maar niet genoeg van. Ik heb begrepen dat ik de enige vrouw ben die dagelijks vertoeft in een winkel van de bazaar van Isfahan. Ik heb tenminste geen andere vrouwen gezien die in de winkels van de bazaar werken. Ik heb ze wel achter de toonbanken gezien van boekhandels in het winkelcentrum, tegenover het Abassi-hotel, en ook in kledingzaken, schoenenwinkels en parfumeries aan de Chahar Bagh Boulevard, want in Iran zijn vrouwen niet alleen huisvrouw of knopen ze thuis tapijten, maar werken ze ook buitenshuis, vooral degenen die in de steden wonen. Mijn leeftijd werkt in dit geval in mijn voordeel. Aangezien ik de vijftig al ben gepasseerd, ben ik ouder dan de mannen die in de winkel werken, behalve dan de oude Haji Baba, en daarom is het alsof ik de moeder van hen allemaal ben. Ik kan het me veroorloven om familiair met ze om te gaan zonder gênante situaties of ongemakkelijke achterdocht te wekken. De grot is voor mij een open raam naar het Iran van vandaag, het Iran van de hervormingsgezinde president Khatami. Vanaf hier zie ik en hoor ik van alles en kan ik me verdiepen in de gewoontes van allerlei families, de interesses van de vrouwen, de illusies en teleurstellingen van de jongeren die dag na dag de traditionele en bont gekleurde wereld rond de bazaar ontdekken.

Bovendien geeft Reza me bij het vallen van de avond zijn versie, ongeremd en trefzeker, van de psychologische kenmerken en commerciële voorkeuren van elk type klant, en ook de manier hoe je ze moet behandelen. In zijn ogen schittert altijd een nauwelijks waarneembare glimlach, boosaardig en vriendelijk tegelijk. Ik vraag me af hoe ik in zijn waaier van personen moet passen, terwijl hij stukje voor beetje die typische manier van converseren waar oosterse volkeren zo goed in zijn, in elkaar weeft: dingen zeggen en onuitgesproken laten, suggereren en verzwijgen, vragen zonder iemand onder druk te zetten, zonder een duidelijk antwoord te eisen en letten op de stiltes die in het gesprek vallen alsof het subtiele kleurnuances waren in het grote tapijt van de dialoog.

Vandaag vindt er echter een kleine revolutie plaats in de grot: Edith, de chauffeuse van een bus die van Londen naar Kathmandu rijdt, is aangekomen. De jongens van de winkel zijn opgewonden, de baas en de anderen nemen deel aan het gesprek, alleen Haji Baba slaat op een afstand de commotie gade en ik begrijp zijn gevoel van onbehagen. Elke nieuwigheid, elke situatie die afwijkt van de strikte routine, veroorzaakt onrust bij hem, omdat naar zijn idee de wereld alleen goed draait als de dingen gaan zoals ze altijd zijn gegaan, volgens de oeroude regels van de bazaar.

Edith is een jonge Engelse met een heel blanke huid die het enige stukje van haar lichaam dat haar islamitische uniform laat zien, haar gezicht dus, versierd heeft met een stuk of wat piercings. Ze is blond en heeft kort haar. Hoe weet ik nou dat ze kort haar heeft als ik haar alleen met een hoofddoek op heb gezien? Ik kan het me zo voorstellen als ik haar pony en de golvende vorm van het achterste stukje van haar hoofddoek zie, ik weet het niet; naarmate je hier langer bent, leer je verborgen details af te leiden onder de kleding van een vrouw en kun je weten of ze onder haar lange wijde overkleed een enorme haardos of een prachtig lichaam verbergt. Zij zenden signalen uit, kokette gebaartjes die ik op het eerste gezicht niet waarneem, maar die wel hun uitwerking hebben op de mannelijke bevolking; dingen die onderbewust de aandacht trekken, zoals een stukje van een vlecht die net zichtbaar is onder de hoofddoek, een pluk haar die ontsnapt is aan zijn omlijsting, een halfdoorschijnende kous met een klein fluwelen vogeltje op de hiel dat slechts een fractie van een seconde zichtbaar is als de zoom omhoog komt...

Edith houdt van tapijten en vooral van *sofrehs*, en altijd als ze in Isfahan is, komt ze naar de winkel om de stoffen en kleuren helemaal in zich op te nemen, om uit te rusten, te kletsen met haar vrienden en ook om te kopen. Ze zegt dat ze alles wat ze verdient aan tapijten uitgeeft, en ze bekent vrolijk dat ze haar geweten sust met het idee dat deze schijnbaar nutteloze en grillige uitgave eigenlijk een vorm van sparen is. In de grot zijn ze eraan gewend om haar een keer in de twee of drie maanden aan te zien wippen en haar aanwezigheid is altijd welkom. Ze heeft humor en is opgewekt, en wat betreft de piercings zijn ze in de grot van Ali Baba niet bevooroordeeld: uiteindelijk verkopen ze zelfs tapijten aan een jonge rugzaktoerist die er niet naar uitziet dat hij goed in zijn slappe was zit. Hoewel hij nu geen geld heeft, zal hij dat zodra hij thuiskomt onmiddellijk opsturen; alles is een kwestie van vertrouwen en respect voor het gegeven woord. Als het klikt tussen de klant en de verkoper, als ze samen een aangename middag hebben doorgebracht, als ze tijdens het gesprek genoten hebben van verschillende glaasjes thee, als de bezoeker heeft laten zien dat hij onder de indruk is van alles wat er geleidelijk aan voor zijn ogen uitgevouwen wordt, dat hij gevoelig is voor het land, dat hij de momenten van rust die de winkel biedt, weet te waarderen, dat hij betrokken is bij de jongens die de tapijten opvouwen en uitleggen en dat hij het vermogen heeft om ontroerd te worden, dan zal hij het tapijt kunnen meenemen dat hem zo fascineert en dat hij zo graag zou willen zien terwijl hij aan het studeren is in zijn kamer vol boeken, of als hij in de winter moe thuiskomt van zijn werk in een stad vol rook en stress. Of ze sturen het hem na als zijn rugzak te klein blijkt te zijn. Dit tapijt zal hem doen terugdenken aan dagen van rust, ontmoetingen, mysteries, gevoelens, verwantschap en innerlijke melodieën. Zijn tapijt zal een wereld vol vragen zonder antwoorden oproepen: wie zou de maakster zijn van zo'n secuur wonder? Misschien een pas getrouwde vrouw, een *arus*, in een huis in een verloren dorp ergens in Khorasan. Zou het een gelukkige vrouw zijn of zou ze juist een ellendig leven leiden? Vragen, vermoedens, fragmenten van levens die opgeslagen liggen in de grot van Ali Baba.

Edith wil de nieuwe *sofrehs* zien die Hossein ingekocht heeft tijdens zijn laatste reis door de provincies. De *sofrehs* zijn *kelims*, dat wil zeggen, het zijn stukken die met de hand zijn geweven en die niet geknoopt zijn. Ze worden als tafelkleed gebruikt voor op de vloer om op te eten, of om meel of brood in te pakken. Ze zijn niet gemaakt om op te lopen en daarom liggen ze niet in het zicht zoals tapijten, en ze worden alleen uitgevouwen als dat nodig is. Omdat het niet zulke grote kleden zijn, worden ze overal mee naar toe genomen: om te picknicken aan de oevers van de rivier, onder een boom in het park, op het Emam Plein, voor op het gras van een rotonde waar massa's auto's samenkomen, in de tuin van een buitenwijk waar granaatappelbomen zijn geplant en die omgeven wordt door lemen muren, of naast een graftombe op de begraafplaats waar een dierbare begraven ligt. Ze zijn gemaakt van wol en zijn rechthoekig of vierkant van vorm, afhankelijk van de streek waar ze gemaakt zijn. Het zijn pretentieloze kleden die de meeste tijd verborgen blijven, opgevouwen achter een gordijn of bedekt met het brood en de schalen met eten wanneer ze zijn uitgespreid. En daarin schuilt nou juist de charme van de *sofrehs*, de vrijheid waarmee de weefster de kleuren en patronen combineert zonder dat ze op moet passen om geen vergissingen te maken, want ze zijn niet bestemd voor commerciële doeleinden, maar voor huiselijk gebruik.

Daarom lijken *sofrehs* soms abstracte doeken met gewaagde kleurencombinaties, en stuk voor stuk dragen ze het stempel van de verbeelding van de maakster. Parviz Tanavoli schrijft in zijn boek *Bread and Salt* dat hij tweeënvijftig stammen en gebieden heeft ontdekt waarvan de *sofrehs* een aanduiding van afkomst zouden kunnen krijgen: *sofrehs* van de baluchi's – geruite kleden met de typische rode kleur van de baluchi's –, *sofrehs* van de Khamsen – geruite kleden met gekleurde vlakken en strepen –, *sofrehs* van de Afshars – geruite kleden met een overdadig geborduurde sierrand –, en de Koerdische *sofrehs* – kleden met rechthoeken en driehoeken op een rij langs de randen, waarvan de symmetrische en zeer scherpe punten doen denken aan een backgammonbord. De eerste keer dat ik ze zag, werd ik erdoor verrast, en hun ingetogen kleuren – bijna altijd alleen het beige van de kameelharen en donkerbruin – en hun lijnen die, zo op het oog, getrokken lijken te zijn door een moderne, zenboeddhistische minimalist, vind ik nog steeds ontzettend mooi. De grootste, vertelt Hossein, waren vroeger eigendom van een stamhoofd, omdat zij gezien hun positie altijd meer gasten hadden en daarom een grote *sofreh* nodig hadden.

We zijn nu al met zijn tienen de *sofrehs* aan het bewonderen. Behalve de mensen die er werken, zijn er ook nog nieuwe klanten komen binnendruppelen en die hebben het zich gemakkelijk gemaakt op de stapels tapijten die de ruimte omgeven waar we ons bevinden: een paar Australiërs die hun reis geboekt hebben bij een reisbureau dat altijd 'avonturiers die bovenal interessant zijn' begeleidt, een Iraans echtpaar dat in Amerika woont en hierheen is gekomen om achtergebleven familieleden te bezoeken, een Spaans stel dat per fiets reist en een vader en zoon uit Isfahan. Iraniërs zijn niet gewend om mee te doen aan gesprekken tussen buitenlanders als ze geen Engels spreken, maar omdat ze toevallig mij, een buitenlandse die ze in het Perzisch aanspreekt en hun een zitplaats aanbiedt, hier tegenkomen, komen ze verrukt bij de groep zitten. Mijn aanwezigheid is nu een bindmiddel, een verbindings- punt tussen de mensen. De Iraniërs zijn nieuwsgierig naar mijn aanwezigheid in de winkel en stellen me allerlei vragen, en uiteindelijk vertellen we allemaal over ons leven, onze avonturen, onze ervaringen, onze dromen, onze manier van zijn en in het leven staan in een wereld waarin steeds meer be- hoefte is aan goede gesprekken.

Met Edith maken we grapjes over haar toekomst en de rin- gen in haar neus. Haar wenkbrauw en lip rinkelen ook. Klein en discreet gekleed in haar zwarte jas die tot aan haar voeten reikt, en met een hoofddoek in dezelfde kleur, lijkt Edith op het eerste gezicht geen doortastende vrouw, hoewel ze zo haar middelen moet hebben om zich staande te kunnen houden op deze verlaten wegen als chauffeuse van een enorme bus met een zeer bont gezelschap. Je hoeft haar maar iets te vragen en ze kan eindeloos vertellen. Ze kent allerlei anekdotes en verhalen over dingen en ongewone situaties die ze heeft mee- gemaakt, die altijd verrassend zijn en onverwachte wendin- gen hebben. Ik word gegrepen door haar woorden en zeg dat ik een keer met haar mee zou willen gaan. Dolgraag zou ik een keer de route Londen-Kathmandu per bus af willen leggen, vooral naast deze stoutmoedige vrouw met haar zachtaardige en rustige karakter. Ze weet altijd hoe ze moet reageren, ze ge- niet van het moment, maakt met iedereen makkelijk contact en kent bovendien het gebied op haar duimpje. We zetten met zijn tweeën een punt achter het gesprek, ieder gezeten op een eigen stapel tapijten, zonder schoenen, maar wel goed bedekt, *no problem*, alles went en dingen worden een gewoonte. De andere klanten zijn al verdwenen en de mensen van de grot tellen hun geld en schrijven in een notitieboekje op wat ze vandaag hebben verdiend. De werkdag loopt ten einde.

Vanavond ben ik uitgenodigd om te komen eten in het huis van Bijan, een jongeman uit Isfahan die ik heb leren kennen in Teheran toen hij nog geen eindexamen op de middelbare school had gedaan. Twee jaar geleden kwam ik hem per toeval weer tegen in Isfahan toen mijn man en ik over de bazaar slenterden. Hij vertelde ons dat hij sinds kort getrouwd was en dat hij werkte in een groothandel in tapijten. Nadat hij tevergeefs geprobeerd had om toegelaten te worden tot de universiteit, besloot hij af te zien van een studie toen een buurman van zijn oom hem een baan aanbood. Omdat het vandaag donderdag is en morgen vrijdag, een feestdag, heeft hij de vennoten van de groothandel en hun families bij zich thuis uitgenodigd voor het eten. Ik zal de attractie van het etentje zijn, een manier om bij zijn bazen in aanzien te stijgen, en op die manier zal hij een sociale promotie maken.

Bijan en zijn vrouw Zohreh wonen in een nieuw huis. Hij is drieëntwintig en zij twintig. Ze zijn twee jaar getrouwd en hebben een baby. Bijan haalt ons op in de grot; Maryam, die aangeboden heeft om me te vergezellen, gaat met me mee. Zohreh ontvangt ons in een *rupush* en een *rusari*, een zwart overkleed en zwarte hoofddoek, die ze ook aan heeft als ze de straat opgaat. Na ons arriveert *agha-ye* Zaid, meneer Zaid met zijn familie, hij is een van de vennoten van de zaak. Hij heeft een donker overhemd aan met mouwen die zijn dichtgeknoopt om zijn polsen en een boord dat tot op het laatste knoopje gesloten is. Het is een gezette, glimlachende jonge man. Zijn vrouw die rond de vijfentwintig is en al drie dochters heeft, draagt een satijnen chador die ook haar mond bedekt, een kledingstijl die je vaker in Isfahan ziet en die gebruikelijk is onder traditionele families in het hele land. Daarna komt *agha-ye* Yusef, een intelligente, onrustige man uit Tabriz, vergezeld van vrouw en kinderen. De twee kinderen zijn al bijna tieners. De vrouw van Yusef heeft een zwarte jas aan en een hoofddoek met zwart-witte strepen om waarop de CK van Calvin Klein staan; de dochter heeft een hoofddoek om die ze iets naar achteren heeft getrokken zodat haar dikke pony zichtbaar is en de zoon draagt een leren jack met spijker-broek.

De gemompelde fluisteringen die de begroetingsceremonie in Iran kenmerken, heb ik altijd interessant gevonden. De mannen kussen elkaar op beide wangen alsof ze elkaar goed kennen; de vrouwen krijgen geen hand, laat staan een kus, want er mag nooit en te nimmer enig contact zijn tussen mannen en vrouwen, maar wel is er een eindeloze uitwisseling van beleefdheidsfrases. Bijan wordt met respect behandeld en hij is tevreden; zijn vrouw lijkt me een beetje nerveus, als een meisje dat een examen moet afleggen. Als iedereen verwelkomd is, gaan de twee samen naar de keuken. Hij is druk in de weer met borden en glazen en zij zit op haar hurken op de grond tussen de pannen en legt de laatste hand aan het eten. Deze oeroude manier om bijna alles zo vlak aan de grond te doen terwijl de keukens net zo modern zijn ingericht als die van ons en het fornuis en de gootsteen wel op stahoogte zijn, blijft me verbazen. In de woon-eetkamer zitten de gasten te praten, rennen de meisjes heen en weer, ligt de baby te slapen en hebben de wat oudere kinderen zich voor de televisie geïnstalleerd.

Ik ga helemaal op in het gesprek met de mannen die me bestoken met vragen over mijn verblijf in Isfahan, en ik heb niet gemerkt dat de vrouwen zijn verdwenen, zelfs mijn vriendin Maryam is in rook opgegaan. Zodra ik een kans zie om weg te glippen, ga ik naar ze op zoek. Ik loop een van de kamers binnen die aan de woonkamer grenzen. Er liggen tapijten op de grond, maar er staan geen meubels. Ik dacht dat ik ze daar had horen praten. De vrouw van meneer Zaid zit daar met een chador van dunne witte katoen, bedrukt met kleine bloemetjes (had ze die soms in een tasje bij zich om zich om te kleden?), geknield op een gebedskleed met een bidsteen op de rand, zoals gebruikelijk is, en maakt de obligate buigingen. Ze hebben Maryam een chador van lichte katoen geleend waarmee ze, het ding half om zich heen geslagen, naar de eetkamer is gegaan. Ze zeggen dat ik terug kan gaan naar de woonkamer waar de mannen zijn en dat zij komen wanneer ze klaar zijn. Maryam is een religieuze vrouw en is gewend om thuis te bidden, hoewel ze nooit naar de moskee gaat. Normaal gesproken bidt ze niet als ze bij iemand op bezoek is, en ik kom tot de conclusie dat de vrouw van meneer Zaid gezegd had dat ze wilde bidden en dat Maryam uit beleefdheid met haar is meegegaan. Het is me opgevallen dat ze meneer Zaid soms *agha-ye seyyed* noemen, wat betekent dat hij een afstammeling is van de profeet en daarom met een bijzonder respect wordt behandeld en bovendien verleent het hem een verheven status binnen de sociale hiërarchie, een status die niets met geld te maken heeft. *Seyyed* zijn de ayatollahs die een zwarte tulband dragen, dat onderscheidt ze van de religieuze leiders die niet afstammen van de Profeet en die een witte hebben. Imam Khomeini was een *seyyed*, en de huidige president Khatami is ook een *seyyed*, maar de vorige president, Rafsanjani, was het daarentegen niet. De *seyyed* die geen geestelijken zijn, dragen niets om zich te onderscheiden, de mensen weten het gewoon en respecteren hen daarom. Zaid is afkomstig, vertelde Maryam me, uit een religieuze familie van de bazaar die heel traditioneel is en dat blijkt vooral uit de manier van kleden en het gedrag van zijn vrouw. Ik besluit dan om hem ook *agha-ye seyyed* te noemen en ik merk dat hij het leuk vindt; de overige gasten en hijzelf vinden het erg grappig en ze moeten er openlijk om lachen. Als zij hem met deze titel aanspreken, dan doen ze dat met ontzag en hij hoort het minzaam aan; wanneer ik het daarentegen zeg, moet iedereen glimlachen. Eens te meer ontdek ik met veel genoegen dat hoogdravende woorden uit de mond van een buitenlander of een kind weliswaar hun kracht verliezen, maar dat ze nieuwe nuances erbij krijgen, alsof iemand ze net heeft verzonnen en ze ons zuiverder en bekoorlijker overhandigt.

Een *bakhtiyari* met grote bloemen in felle kleuren bedekt de hele vloer van de woon-eetkamer die gemeubileerd is met een verzameling stoelen en fauteuils en een bank in Franse stijl met een glanzende vernislaag en streepjesbekleding. De ruime, nieuwe en moderne keuken wordt door een buffet gescheiden van de salon. Het gesprek van de mannen gaat verder terwijl we op de stoelen zitten, maar Bijan dekt aan onze voeten de tafel, of beter gezegd de *sofreh*. Onze gastheer heeft hem uitgevouwen op het tapijt, want hier heb je net als in andere Iraanse huizen geen tafel en eet men gezeten op het tapijt. De *sofreh* die hij heeft neergelegd is van plastic en heeft bloemen in allerlei kleuren, hij is rechthoekig en groot genoeg voor de twaalf disgenoten.

Terwijl ik kijk naar Bijan die de borden neerzet en naar zijn vrouw die in de keuken werkt, beiden nog zo jong, stel ik mezelf allerlei vragen waar ik op dit moment even geen antwoord op heb. Hun situatie lijkt me uitzonderlijk. Toen ik hun flat binnenkwam, was ik verbaasd en toen ik eenmaal in hun woning was, werd mijn verbazing groter. Hoe kan een jongen van drieëntwintig jaar die werkt in een groothandel, wonen in zo'n huis? Niet dat de woning heel luxueus is, maar hij is wel nieuw en modern en ligt in een goede wijk van de stad. Misschien is het huis van zijn vader, die een rijk man moet zijn, en heeft deze de appartementen over zijn kinderen verdeeld. Dat gebeurt vaak zo. Ik zal moeten wachten op de antwoorden, totdat Maryam en ik even alleen zijn om te kunnen praten.

Bijan is aardig om te zien, hij is slank, zeer beleefd, attent, gevoelig, teder en is bedeesd, verlegen, bescheiden of hoe je die houding ook wilt noemen die kenmerkend is voor jonge Iraniërs uit de provincie en die mij altijd verbaast en tegelijkertijd fascineert. Zohreh, zijn vrouw, is timide of dat lijkt ze althans; ze durft nauwelijks te glimlachen en als ze dat wel doet, dan slaat ze blozend haar ogen neer. Alleen haar gezicht zonder make-up is zichtbaar, omgeven door een zwarte hoofddoek, en op het eerste gezicht is ze niet erg aantrekkelijk, maar eerlijk gezegd moet je wel heel erg knap zijn om dat ook te lijken met een uitdossing die zo weinig flatteus is. Ze hebben samen een voortreffelijke maaltijd klaargemaakt. We hebben rijst, *fesenjan, most-o-mussir*, salade en gestoofde kip gegeten. De gerechten waren rond de *sofreh* neergezet en smaakten heerlijk. De vrouw van Zaid heeft haar chador niet afgedaan, zelfs niet even tijdens het eten. De andere vrouwen en ik hebben onze hoofddoek omgehouden, hoewel Maryam en ik wel zonder *rupush* hebben gegeten. Zelfs de dochter van meneer Yusef die twaalf jaar is, heeft met haar hoofddoek om gegeten. Na het eten heeft de vrouw van Zaid met de chador opgerold Zohreh geholpen met de afwas, terwijl de mannen het kleed opruimden. Nadat het tapijt eenmaal ontdaan was van de *sofreh*, gingen ze kaarten in een andere kamer waar ook een tapijt op de grond lag en meubels stonden. Terwijl de drie kleine meisjes met andere kaarten naast hun vader speelden, bleven wij vrouwen in de eetkamer zitten, gezeten op de stoelen keken we televisie en kletsten wat. De vrouw van meneer Zaid begon het gesprek met een vraag: 'Wat denken de vrouwen in Spanje?' Daar vraag je me wat; zo in het algemeen gesteld, weet ik niet waar ik moet beginnen. Ze heeft haar chador weer zo omgedaan dat ik alleen haar ogen zie, maar ze heeft zich zo ontspannen in haar stoel genesteld en kijkt me zo strak aan, klaar om een beschouwing aan te horen, dat ik zonder te dralen iets moet zeggen. Maryam kijkt me ongerust maar vermaakt aan; ze twijfelt of ze me te hulp moet schieten of dat ze het me in mijn eentje laat opknappen, hoewel ze weet dat ik op mijn woorden let. Gezien het feit dat er nu geen mannen bij zijn en de vrouw van de *agha-ye seyyed* desondanks nog steviger is ingepakt, denk ik dat het een gewoonte is die sinds haar jeugd zo is ingesleten dat dat stukje kleding uiteindelijk zelfs lekker zit, net zoals ik me 's nachts ondanks de warmte helemaal in mijn lakens rol omdat ik me dan prettiger en veiliger voel. Zo goed en zo kwaad als ik kan, vertel ik in gebrekkig Perzisch hoe ik denk over de positie van de vrouw, zonder in details te treden en zorgvuldig mijn woorden kiezend, want je weet maar nooit of je iemand voor het hoofd stoot. Ik denk dat mijn antwoord bevredigend is voor haar, want ondanks dat ze geen enkel woord uit, knikt ze instemmend met haar hoofd en zoekt ze oogcontact met de andere vrouwen. Het gesprek valt stil als er op de Turkse televisiezender een vrouw buikdansend in beeld verschijnt.

Als het avondje zijn einde nadert, ga ik naar het toilet en trek de plastic slippers aan die bij de deur staan: een Perzisch toilet met een waterslang, zoals gebruikelijk. Zonder dat ik me er bewust van ben, loop ik met die plastic slippers nóg aan terug. Gelukkig is op dat moment alleen Maryam nog in de eetkamer. Zodra ze me met die enorme, versleten slippers ziet, wijst ze er ontsteld naar. Ik draai me onmiddellijk om, loop snel terug naar het toilet om ze daar neer te zetten en keer heel waardig terug naar de eetkamer met slechts de bekende zwarte sokken aan mijn voeten. Ik moet er smakelijk om lachen met Maryam, een intelligente, discrete vrouw met een gezond verstand en een twinkeling in haar ogen die mij altijd weer verrast.

Wanneer we buiten staan, kan ik mijn nieuwsgierigheid niet meer in toom houden en vertel ik *agha-y*e Yusef die ons naar huis brengt met zijn auto waar we allemaal net inpassen, hoe verbaasd ik ben dat zo'n jonge werknemer als Bijan al zo'n mooi huis heeft, en ik vraag of dat huis misschien van zijn familie is. Hij antwoordt ontkennend. Bijan kan de etage voor een schappelijke prijs huren van de oom van meneer Zaid, de eigenaar van het pand dat drie bovenverdiepingen telt met op elke etage twee woningen. Hij verhuurt aan meerdere jongens die op de bazaar werken, want hij heeft genoeg geld en vindt het normaal om jongeren te helpen verder te komen in het leven. Ik besef dat iedereen bereid is Bijan te helpen om te zorgen dat hij vooruitkomt en hij heeft zich van jongs af verantwoordelijk opgesteld, de juiste houding om de status van een echte heer te bereiken. De eigenaren van de groothandel behandelen hem met respect en komen bij hem eten met hun gezin. Ze hebben hem als een van hen geaccepteerd, en de jongeman laat zien, nu hij getrouwd is, dat hij een gezin wil stichten en hard wil werken om te zorgen dat het hen aan niets ontbreekt. 'De nieuwe generatie moet van de ouderen alle kansen krijgen om verder te gaan waar zij zijn gebleven,' vertelt Yusef. Dit gebeurt niet alleen met Bijan maar ook met vele anderen, aangezien dat de gebruikelijke manier is om de jongens in de bazaar promotie te laten maken. Degene die slim en fatsoenlijk is, hard werkt en de traditionele sociale normen respecteert, krijgt de steun van zijn patronen. Vandaar dat ze aan Bijan al een klein winkeltje op een goede locatie hebben gegeven zodat hij die samen met twee andere jongens van de groothandel kan runnen; de eigenaren leveren hun de tapijten, van de winst worden de huur en overige kosten afgetrokken en wat er overblijft, verdelen ze met hun drieën. 'Hoewel ze niet allemaal evenveel krijgen,' vertellen ze me. 'Het zou niet eerlijk zijn dat een van hen Frans spreekt, de moeite heeft genomen om die taal te leren, waardoor hij de zaak iets extra's kan bieden en dat hij dan niet iets meer zou verdienen. Als Bijan Spaans of een andere taal spreekt, dan zal hij daar ook iets voor krijgen. De jongens kopen de tapijten van de eigenaren tegen kostprijs zodra ze verkocht zijn; zo kunnen ze toch een zaak opzetten zonder over een startkapitaal te beschikken.' 'En wat levert dat de eigenaren op?' vraag ik ze. Ze antwoorden me ontwijkend en ik begrijp dat het op de lange duur iets oplevert. In Iran is het erg belangrijk om een vangnet te hebben, een vangnet van protégés die kunnen groeien onder de vleugels of de welwillende schaduw van hun beschermheer of beschermheren die op hun beurt in de toekomst beschermd zullen worden. 'Dat uw schaduw niet zal afnemen,' zegt degene die iets krijgt als dank tegen de gever. Op die manier wordt er een netwerk geweven waarvan de draden reiken tot in alle hoeken van de samenleving, waarbij ook de gezinnen, ouders, kinderen, broers en zussen, neven en nichten, ooms en tantes et cetera zijn betrokken. Iedereen op de juiste plaats, ook de vrouwen.

Zo ontdek ik dat de ingewikkelde samenleving die zich rond de bazaar beweegt net een goed geoliede machine is die perfect functioneert zolang alle onderdelen op hun plaats blijven. Elke welgestelde man moet degenen die zich in zijn schaduw bewegen, beschermen en hen naar vermogen helpen en zorgen dat ze vooruitkomen. Het vergaren van bezittingen vindt men ongepast en vrijgevigheid is een manier om in sociale kringen je positie te laten zien. Het gaat er niet om jezelf rijk voor te doen, en ik denk aan de gammele auto's van de eigenaren van de groothandel van Bijan, terwijl dat toch welvarende handelaren in de bazaar zijn. Voor de revolutie was er een periode van veel uiterlijk vertoon dat werd gestimuleerd door de sjah en zijn hof, maar na de revolutie werd deze houding als *taguti* beschouwd, oftewel kenmerkend voor de voorstanders van het ancien régime. In de loop der jaren en dankzij de relatieve liberalisering die gestimuleerd wordt door president Khatami, is dit woord uit de spreektaal verdwenen, net als de voortdurende verwijzing naar de westerse duivel, maar bescheidenheid die gepaard gaat met een beschermende opstelling is meer dan ooit actueel. En deze traditie dateert al uit het oude Perzië; er zijn verwijzingen naar in een aantal boekjes, de *fatvatnameh*, korte verhandelingen over zeden die tussen de dertiende en vijftiende eeuw in omloop waren op de bazaars. Daarin werden ethische gedragsnormen geboden aan handelaren, ambachtslieden en hun leerlingen.

Henry Corbin schrijft in zijn *Traités des compagnons cheva-*

liers over deze populaire dogma's en geeft een opsomming van kwaliteiten die goede bondgenoten zijn voor een leerling: hij moet vrijgevig, nederig, bescheiden en gastvrij zijn; hij moet vertrouwen hebben en opwekken, zekerheid en rust uitstralen en zielenrust genieten; hij moet oprecht en trouw zijn en laten zien dat hij integer, stabiel, standvastig en rechtvaardig is, wat betekent dat hij een evenwichtig persoon is: zijn belangrijkste kwaliteit is dat hij zijn afspraken en beloftes nakomt.

De boekjes noemen ook de plichten van de patroon: hij moet zich over zijn leerling ontfermen en zorgen voor zijn opleiding; hij moet vrijgevig voor hem zijn, hem niets weigeren en hem zijn *sofreh* aanbieden die altijd voor hem klaar ligt (de gedekte en goed voorziene tafel); als hij meerdere leerlingen heeft, moet hij ze collegialiteit bijbrengen, zorgen dat er een sfeer van vertrouwen en solidariteit tussen hen is; hij moet inzicht hebben in hun spirituele behoeften en daarin voorzien; hen leiden over de weg die voor hen het beste is en ze leren om zich te gedragen als een *javanmard* oftewel een oprechte, fatsoenlijke heer die volgens bepaalde morele waarden leeft, wat inhoudt dat ze zelfs moeten leren hoe ze aan tafel moeten gaan zitten en hoe ze zich moeten gedragen tijdens het eten. Deze regels vinden hun oorsprong in de soefi-broederschappen, waarin alles, van de meest profane handelingen tot de professionele inwijdingen, een symbolische betekenis had die verankerd lag in de diepgelovigste sjiitische traditie.

Tegenwoordig streeft iedereen in Iran ernaar om een eerzaam leven te leiden zodat hij zich niet alleen goed voelt over zichzelf en voldoet aan de eisen van God, maar ook sociale erkenning krijgt. Iraniërs zijn tevreden over zichzelf vanwege de eer, *aberu*, die zij tijdens hun leven via hun daden en sociale relaties hebben verkregen. Het concept van *javanmard* als levenshouding heeft te maken met de eer en die heeft weer te maken met vrijgevigheid en invloedrijk zijn omdat je dan beschikt over een grote schaduw en tegelijkertijd een brede rug of *posht*, wat zoveel betekent als het hebben van steun op kardinale punten in de samenleving, hoe meer hoe beter, en dat alles verborgen achter een façade van nederigheid en bescheidenheid. Vrijgevigheid en invloed scheppen loyale banden en de Iraanse bevolking nestelt zich tussen deze onzichtbare draden die de verbanden van de samenleving aangeven. Daarom zijn gunsten aan de orde van de dag en in tegenstelling tot de westerse wereld worden ze hier niet als slecht beschouwd, juist het tegenovergestelde: iemand die gunsten bewijst is degene die erg gehecht is aan zijn familie en vrienden. Het is van essentieel belang om deel uit te maken van zo'n net van loyale banden om te kunnen overleven: allereerst de familie waarin elk lid zijn plek heeft en de anderen helpt zodat zij zich ook kunnen settelen; daarna de werkplek en als laatste de kennissen.

Een Iraniër voelt zich echter alleen prettig en kan alleen zichzelf zijn in de huiselijke sfeer (*baten*) van familie of beste vrienden. Al het andere is de buitenwereld (*zaher*), die altijd vol gevaren is en waarin hij altijd voorzichtig moet zijn, want hij weet uit ervaring dat er in de Iraanse samenleving tendensen zijn die tot grote breuken kunnen lijden (waarvan de laatste de islamitische revolutie was) die een verandering van invloedssferen binnen de sociale groepen met zich meebrengen.

Het is twee uur 's ochtends en onderweg naar huis rijden we langs een gebouw dat open en verlicht is. Ik zie er een paar broekies, bijna nog kinderen, in camouflagepakken van het leger die kletsen en veel lawaai maken. Ik vraag Maryam of het soldaten zijn. Met een gebaar maakt ze me duidelijk dat ik zacht moet praten en fluistert in mijn oren: 'Dat zijn *Basiji's*, jonge oorlogsvrijwilligers.' Ik kijk naar ze, en ik constateer voor de zoveelste keer dat hier, net als overal, angst en onwetendheid zich in uniform kleden zodra ze kunnen.

4

DE HEMELPOORTEN

Vandaag zat er tussen de tapijten die uit het noorden van Iran zijn gekomen een prachtig gebedskleed uit Tabriz, zo mooi dat zelfs Reza er door werd geëmotioneerd. Hij kon zijn ogen niet geloven toen hij het voor de eerste keer zag in een afgelegen winkel ergens in Ardebil, tussen stapels middelmatige tapijten, en hij liet het niet meer los tot ze het hem tegen een goede prijs verkochten. 'Ze wisten niet wat ze in handen hadden,' vertelde hij verbouwereerd en verbaasd.

In een land waar zoveel wordt gebeden, maken gebedskleden deel uit van het dagelijkse leven; sommige zijn heel simpel, met veel oneffenheden en andere verfijnd en buitengewoon mooi afgewerkt, met nauwkeurige afbeeldingen van ingewikkeld filigraan die de hemelpoorten voorstellen. Ik heb altijd de eenvoudige *bargh-e meimi*, de baluchi's uit het noorden van Khorasan met gestileerde vijgenbladeren, mooi gevonden. Ik heb er eentje thuis, oud, versleten en vol oneffenheden, die ik op een bazaar in Teheran heb gekocht toen ik daar studeerde. Aangezien ik over weinig geld beschikte, verkochten ze me een tapijt dat in de winkel perfect rechthoekig leek, maar dat aan de ene kant langer bleek te zijn dan aan de andere kant toen ik het thuis op de grond neerlegde. Het ligt nog steeds aan het voeteneind van mijn bed en ik vind het nog steeds mooi; met de tijd ben ik er meer gesteld op geraakt, misschien juist omdat het zo lelijk is. Naar alle waarschijnlijkheid is het door een eenvoudige vrouw gemaakt die niet zo handig was, op een horizontaal weefgetouw dat zo slecht in elkaar was gezet dat er alleen tapijten in de vorm van een trapezium op vervaardigd konden worden. Het gebedskleed dat ik nu erg mooi vind, komt elke keer tevoorschijn als ze de kleden van een stapel achter in de winkel die ik goed in de gaten houd, uitvouwen. Het is klein, glad en vouwbaar als een zakdoek, met uitzonderlijk stralende kleuren. Ik weet dat het naar me lonkt en roept 'ik moet van jou zijn' en als het weer bedolven wordt onder andere tapijten, voel ik dat het heimelijk tegen me praat als een verlokking. Het is hetzelfde als het kleed dat ik thuis aan het voeteneinde van mijn bed heb liggen, maar dan iets kleiner en veel mooier. Ik heb het idee gehad om het een keer te kopen als het weer tevoorschijn zou komen en het naar me zou kijken, zodat ik mijn oude metgezel kon vervangen, maar dan hoorde ik vervolgens 'Nooit'. Ik doe al ruim de helft van mijn leven met dat kleedje en ik ga het nu niet in een hoek gooien. Toen ik het kocht, hebben ze me voor het lapje gehouden. Ze waren zo sluw om het zo te laten zien dat het perfect leek. De vrouw die het had geknoopt, de arme ziel, analfabeet en niet zo handig, hebben ze ook voor de gek gehouden door haar een habbekrats te geven voor dat misvormde werk waaraan ze vast maanden had gewerkt. Het rampzalige resultaat van die twee bedriegerijen is van mij, en ik peins er niet over om het weg te doen. Sinds een paar dagen kijken de tapijten naar me en praten tegen me. Ben ik gek aan het worden?

Reza bewondert nog steeds het verfijnde tabriztapijt dat uit het noorden is gekomen. Er staat een handtekening op van de eigenaar van het atelier waar het geknoopt is, Haji Jalili, een beroemd ambachtsman uit Marand, een dorpje vlakbij Tabriz. We hebben het op de grond gelegd naast het raam, de lichtstralen verlichten het en de kleuren, verschillende rode en blauwe tinten, wit, groen, oranje, bruin en geel zuigen bijna alle lucht op uit de grot. Twee ranke pilaren ondersteunen de koepel van de *mihrab* met een rode achtergrond waaraan in het midden een ketting hangt met daaraan een lamp die versierd is met bloemen. Daaronder een bos rozen. Boven en onder de *mihrab* een paar rijen gewelfde velden die versierd zijn met bloemenslingers en arabesken met daaromheen zeven randen vol bloemen.

Miljoenen bidkleedjes in de wereld die met de symmetrische boog altijd naar Mekka wijzen, vormen de ondergrond van de diepe buigingen van de biddende moslims in moskeeen, paleizen, huizen, straten en wegen, karavanserais en woestijnen, parken, hotels, theehuizen, winkels, ateliers en kantoorruimtes. Volgens Jamshid, een vriend uit Teheran, zijn Iraniërs niet bijzonder gelovig en hij geeft het voorbeeld van Iraniërs die naar het buitenland gaan: de Saudi bidden, de Egyptenaren ook, maar de Iraniërs vergeten te bidden zodra ze het land uit zijn. Ik vertel hem wat ik had meegemaakt op het vliegveld van Frankfurt terwijl ik wachtte op het vliegtuig naar Iran. Ik zag een man naar een andere man lopen om hem iets te vragen. De eerste begon in zijn zakken te voelen en haalde een kompas tevoorschijn. Beiden keken naar de oriëntatie en draaiden zich toen naar een bepaalde richting. De eerste man trok zich terug in een hoekje van de hal, haalde een pakje uit zijn attachékoffertje en pakte dat uit, het was het bidsteentje. Daarna legde hij het in de juiste richting en begon te bidden.

'Ja, omdat staatsambtenaren, voormalige *pasdaran* en gewezen *Basiji's* met Iran Air reizen en die bidden wel, vooral zodat anderen zien dat zij bidden,' reageert Jamshid.

In de huizen waar ik in Teheran vaak kwam, heb ik alleen oma's zien bidden; in Isfahan daarentegen bidden ook de vaders en moeders, maar de kinderen al niet meer. Hier in de grot van Ali Baba bidden ze op willekeurige tijdstippen, niet speciaal wanneer de moëddzin hen tot het gebed oproept. Iemand die wil bidden, pakt het kleedje vanachter het bureau

in het kantoor vandaan en begint midden in de grot knieval-
len te maken terwijl om hem heen de handelspraktijken
doorgaan alsof er niets aan de hand is.

Een klant vraagt me of ik al in Iran was tijdens de Ta'asou'a
en de Ashura, de negende en tiende dag van de maanmaand
Moharram, waarop ze het lijden en de dood van imam Hussein (kleinzoon van Mohammed en zoon van Fatima en Ali)
en zijn familie en volgelingen herdenken.

'Toen was ik in Teheran,' zeg ik. Ik was vanuit Isfahan daarheen gereisd om de feestdagen bij vrienden thuis te vieren.

'Alstublieft,' vraagt hij, 'schrijf hier niet over in uw boek, dat
zou een beeld creëren van een barbaars en onontwikkeld
land. Ik bid en ik ga naar de moskee, maar ik hou niet van deze volkse uitingen van geloofsijver, het is maar een marginale
kant van de Iraanse samenleving die aan dit soort godsdien-
stigheid blijft doen.'

Dan vertel ik hem hoezeer dit alles wat met *ashura* te maken heeft, lijkt op de viering van de stille week in het zuiden
van Spanje met zijn processies die worden begeleid door muziek van trompetten en trommels, waarbij de emotie van het
volk grenst aan hysterie en de tranen rijkelijk stromen. Ik vertel ook dat het veranderd is in een eersterangs toeristische attractie en ik voorspel dat dat binnen afzienbare tijd ook in
Iran zal gebeuren. Verbaasd hoort hij mijn verhaal aan. Hij
kijkt me ongelovig en peinzend aan: hij zal zijn denkbeelden
moeten veranderen, concludeert hij. De herdenkingen van
het martelaarschap van imam Hussein die krachtig worden
gestimuleerd door de revolutionaire godsdienstijver, maken
deel uit van de godsdienstbeleving van de sjiitische moslim.
Van de twaalf imams van 'het sjiisme van de Twaalvers', een
hoofdtak van de islam in Iran, is Hussein de derde. In het jaar
680, achtenvijftig jaar na de hidzjra, bereikte de rivaliteit tussen de soennieten, de volgelingen van de Omajjaden die aan
de macht waren, en de sjiieten of de aanhangers van Ali, de

schoonzoon van de Profeet, zo'n punt dat het schisma onverzoenlijk werd en dat gaf het startsignaal voor de strijd van Kerbala. In de maanmaand Moharram rukte Hussein met zijn familie op naar het front in een expeditie die tot doel had de kalief van Bagdad, Yazid die onwettig aan de macht was gekomen en wreed en onrechtvaardig was, van de troon te stoten. De tocht werd tegengehouden door het leger van de kalief in de verlaten vlakte van Kerbala. De sjiieten werden ter plekke wreed gemarteld en stierven van de dorst of werden aan de wapens geregen. Hussein zelf werd eigenhandig vermoord door de bevelhebber van het leger van de kalief, Shemr, de man die de sjiitische moslims het meest haten. Het lijden en sterven van Hussein wordt dramatisch voorgesteld in passiespelen, de *taziye*, en deze worden opgevoerd in openbare parken of in speciaal voor deze gebeurtenis ingerichte ruimtes en de spelers zijn meestal mensen uit dorpen of uit wijken van de grote steden.

Pierre Loti en andere schrijvers die door Perzië hebben gereisd in de negentiende en begin twintigste eeuw vertellen dat mensen tijdens die herdenkingsdagen strikt de rouw in acht namen en dat zich tijdens de *taziye* momenten van catharsis voordeden waarbij alle toeschouwers met veel vertoon van verdriet in tranen uitbarstten. Maar wat ik een paar weken geleden in Teheran zag, was gewoon een feest. Er waren wel degelijk veel mannen en vrouwen die zich in stemmig zwart hadden gestoken om de straat op te gaan, maar dat kwam op mij eerder over als een esthetische kwestie dan dat het een uiting was van een gevoel van smart. Sterker nog, ik ben tot de slotsom gekomen dat Iraniërs gewoon van zwart houden: mannen voelen zich interessanter in zwart en groepjes jongens lopen meer dan ooit stoer te doen voor groepjes meiden, met hun zwarte overhemden en broeken en hun zwarte ultramoderne zonnebrillen met spiegelglazen. In het centrum en het noorden van Teheran rijden welgestelde Iraanse jonge-

mannen met hun auto door de straten op zoek naar samen-
zweerderige en bewonderende blikken van meisjes, in zwart
gekleed en met de stereo op tien waaruit Perzische rapmuziek
van de andere kant van de wereld klinkt, – een duidelijke pro-
vocatie voor de politie die de openbare orde moet handhaven,
zodat deze optochten soms eindigen op het politiebureau.
Het zijn feestdagen en het is een komen en gaan van familieleden en goede vrienden die bij elkaar op bezoek gaan.

Mijn herinnering beperkt zich tot Teheran en in die stad
tot Yusef Abad, een wijk die ligt tussen het zuidelijke gedeelte
waar de armen wonen en het noordelijke gedeelte waar de rijke middenklasse zit. Mijn vrienden die in die wijk wonen en
bij wie ik logeerde, zeggen dat het rond die dagen de levendig-
ste zone van Teheran is, vooral op het tijdstip van de *nasri*.
Dat is het moment waarop het eten wordt klaargemaakt en
verdeeld om zo een belofte na te komen. Aanvankelijk was het
eten voor de armen bestemd, maar nu krijgt iedereen die
langskomt wat. En in Yusef Abad zijn de mensen niet zo rijk
om nergens meer in te geloven en niet zo arm om geen eten
meer uit te delen aan voorbijgangers. Degenen die de belofte
hebben afgelegd koken in huis of op straat en bieden de vlees-
gerechten met drankjes en zoetwaren aan aan vrienden, buren en mensen die langslopen.

Vlakbij ons huis sloofde een groep zwetende mannen, die
elk op een krukje rond een tafel op de stoep zaten, zich uit om
grote stukken vlees in dobbelsteentjes te snijden. Naast hen
lagen bergen groente die al gesneden waren. Op straat hadden
ze een lange rij driepoten neergezet met daarop enorme ko-
peren pannen en bijbehorende gaspit eronder. Aan de bomen
op straat hadden ze rode en zwarte vlaggen in vaandels met in
goud geschreven teksten gehangen: op een ervan stond Ali
afgebeeld met zijn steigerende, witte paard, terwijl hij zijn ge-
spleten zwaard omhoog steekt, het zwaard van de sjiitische
islam. Snoeren met gekleurde lichtjes maakten het beeld

compleet. Uit het aangrenzende huis kwamen mannen lopen en heel af en toe dook ook het hoofd van een vrouw op. Door een raam zag je een keuken vol vrouwen die druk in de weer waren en ondertussen veel lachten. Op het eerste gezicht zagen die mannen met hun zwarte kleding en baard van een paar dagen er onvriendelijk uit. Onder het koken prevelden ze hardop gebeden die waren gericht tot Allah, en ze ontvingen me vriendelijk en klonken erg tevreden toen ze met ons spraken. Het was een groep vrienden en buren die hadden besloten om gezamenlijk hun handen uit de mouwen te steken en hun geld bij elkaar te leggen om met zijn allen hun *nasri* na te komen. Vandaag zouden ze *halva*, een lekkernij van meel, vet, suiker en saffraan, maken en uitdelen en 's nachts zouden ze het vlees bereiden dat ze de volgende morgen zouden verdelen. Terwijl degenen die de *halva* maakten met grote pollepels in de langzaam dikker wordende deegmassa zaten te roeren, vormde zich op straat een rij mensen, elk stond met een kom klaar om gevuld te worden.

Van alle kanten kwamen vrouwen aan met hun pannen die werden gevuld. Wij, de familie bij wie ik logeerde en ik, in totaal tien mannen en twee vrouwen, slaagden erin om verschillende pannen te vullen te midden van een enorme drukte. Toen ik zag dat ik een kruimel *halva* tussen mijn vingers had, wilde ik het in mijn mond stoppen, maar net op dat moment zei een van de koks dat ik vóór ik dat deed, eerst een wens moest doen en hij gaf me zijn adres zodat ik hem zou schrijven als die wens het komende jaar was uitgekomen. De zwager van mijn gastheer gaf me een nieuw briefje van vijfhonderd rial met daarop 'voor Ana, *dust-e azizam*, mijn dierbare vriendin'. Ik moest het het hele jaar bewaren, dan zou het me geluk brengen.

De fornuizen in de huizen stonden de hele nacht te branden. De families en volgelingen van imam Hussein en hijzelf stierven van de honger en de dorst in de verlaten vlakte van

Kerbala, en toen zij hulp vroegen aan de bevolking van een naburig dorp kregen zij nul op het rekest; vandaar de beloftes en gerechten van deze dag. Er zijn gezinnen die elk jaar *nasri* aanbieden. Er zijn bedrijven die dat doen voor hun werknemers en voor de arme mensen uit de buurt waar de fabriek of het bedrijf gevestigd is. Mijn vriend Gholamali de Mashhad deelt al tien jaar op rij vijfhonderd porties eten uit op die dag. De mannen van de *halva* zeggen dat ze ons de volgende dag om één uur verwachten om rijst met vlees te eten. Voor de deur van een van de huizen stond een koe die 's nachts zou worden geofferd en worden klaargemaakt.

Voor jongeren is dit een geweldige nacht, omdat hun ouders thuis blijven om te koken of de hele nacht op pad zijn om bij iedereen die ze kennen, langs te gaan. Ze grijpen de gelegenheid aan om uit te gaan met een stel vrienden of met zijn tweetjes; in het tumult van een *nasri* of tussen het publiek dat aanwezig is bij een voorbijkomende processie, zien zij hun kans schoon een gesprek te beginnen met andere jongeren, zelfs met onbekenden. Zo is het makkelijk om telefoonnummers uit te wisselen of iets af te spreken voor de volgende dag, want dan is het ook nog feest.

's Middags gingen we naar een *taziye* in een naburig park. Het had een tribune in de open lucht van halfronde cementen banken. De zon stond loodrecht boven de plek en de schaduwen van de acteurs tekenden zich af tegen het cement van de vloer. De organisatie was in handen van een broederschap dat in een straat vlakbij gevestigd was en de acteurs waren studenten en leraren van een toneel- en filmschool in die buurt. Onder een grote treurwilg en bijna verborgen tussen zijn hangende takken, luisterde een klein orkest dat bestond uit drie trompettisten en twee slagwerkers het geheel op met schreeuwerige en drammerige muziek, terwijl de personages met hun nepgouden sieraden en gekleed in Arabische stijl met goedkope kostuums van felgekleurde stoffen krijsend opkwamen en afgingen. Niemand van de toeschouwers leek ontroerd te worden door wat er zich voor hen afspeelde; ze zochten gewoon wat afleiding en brachten zo een vrije middag door. Een rij kinderen op de voorste bank volgde de voorstelling muisstil en met open mond.

Het was al avond toen we gingen kijken naar verschillende *dastehs*, processies met aan kop mannen die draagbaren op hun schouders torsten waarop een afbeelding stond van imam Hussein met gekleurde pluimen van haren, gevolgd door boetedoeners die zich zonder al te veel vuur kastijdden met kettingen op de maat van de trommelmuziek. Het waren allemaal heel jonge jongens, in het zwart gekleed, die zich voortbewogen in de nacht terwijl zij een monotone en eindeloze dans uitvoerden. Hoofden die glommen van de brillantine of zweet lieten hun zwarte krullen zien als zij onder de lantaarnverlichting op de straat doorliepen, en blikken van donkere ogen die in het niets staarden, werden regelmatig onderbroken door zweepslagen van bij elkaar gebonden kettingen die rinkelden op het ritme van het tromgetroffel. Achteraan de processie liepen de oudjes, de vrouwen en de kinderen, alsof ze een wandeling maakten; een aantal, waaronder ook meisjes, had ook kleine kettinkjes waarmee zij zich spelend zonder enig dramatisch vertoon sloegen.

De volgende dag brachten ze om zes uur 's ochtends *halim*, een gebonden soep bereid met tarwegriesmeel en vlees, die wordt gegeten als ontbijt en op smaak wordt gebracht met kaneel, suiker en een snufje zout zodat de zoete smaak beter uitkomt, werd mij uitgelegd. Het is een vullend gerecht dat in de winter wordt gegeten, vooral in Azerbeidzjan, de Turkse zone in het noordwesten van het land. Daar vertelden ze me dat het deel uitmaakt van het dagelijkse menu, en de moeder van Jamshid voegde daaraan toe dat toen de kinderen nog klein waren, ze *halim* voor ontbijt kregen en dan de lunch oversloegen en alleen nog avondeten aten.

Terwijl ik langzaam door de straat reed, viel het mij op dat er voor sommige huizen twee rijen werden gevormd, de vrouwen aan de ene kant van de stoep, de mannen aan de andere kant. Jamshid legde me uit dat op die manier één enkele familie twee pannen kon vullen, 'mannen en vrouwen apart; twee kansen'. Hij voegde er ondeugend aan toe dat als hij de naam Hussein hoorde vallen, hij onmiddellijk tevoorschijn kwam, want die naam stond voor feesten en eten, maar als hij daarentegen de naam Ali hoorde (de schoonzoon van de Profeet) dan maakte hij dat hij wegkwam, want daar kwam nooit iets goeds uit voort: alleen klappen. Een paar vrienden van Jamshid organiseerden de *nasri* op een locatie die in een buitenwijk van Teheran lag, op een school die bijna was afgebrand en in een ruïne was veranderd. Daar hadden ze al het eten heen gebracht. Jamshid legde me uit dat aangezien zij rijk waren, ze niet thuis hadden gekookt, maar bij een cateringbedrijf niet minder dan duizend porties kebab hadden besteld. Ze deelden *chelo kebab* uit, een eersteklas *nasri*. Daar stonden de gastheren, opa, zijn zonen en zijn kleinkinderen, aan iedereen die langskwam, gaven ze plastic bakjes met rijst, een spies lamsvlees met daarop een homp brood. In de rij stonden mensen van allerlei rangen en standen, van elegante vrouwen en mannen in pak die met de auto waren gekomen tot gezinnen van eenvoudige komaf, er waren zelfs een paar mannen die wel zwervers leken met hun geklitte haren, kapotte kleding en blote voeten. Op de terugweg naar huis was het verkeer in de grote straten van de stad volledig vastgelopen, omdat van alle kanten *dastehs* opdoken, de processies van geselaars met hun vaandels en tromgeroffel. Het was een stralende lentedag en de straten van Teheran waren vol voetgangers en auto's. Aan het eind van elke straat of om iedere hoek schommelden de veelkleurige pluimen van de vaandels boven een donkere zee van hoofden heen en weer, terwijl mijn oren werden gevuld met klanken van tromgeroffel en trompetgeschal van de diverse optochten die zich met elkaar mengden. De stille week op zijn Iraans.

's Nachts werden er kaarsen aangestoken op de drempels van de voordeuren: het was de nacht van *sham-e ghaliban* oftewel van het licht van de hulpbehoevenden, de nacht waarin volgens de legende de vrouwen alleen in Kerbala waren achtergebleven om te waken over al hun dierbare doden na de slag.

In het huis waar ik logeerde, ontbrak het ook niet aan licht: in de woonkamer stonden twee televisies naast elkaar op twee laag uitgeschoven bijzettafeltjes met geborduurde tafelkleedjes. Recht ervoor stond een bank en daarop zaten oma en haar zoon. Beide televisies stonden aan en ze keken allebei naar een ander programma. Oma volgde op de linker-tv een live-uitzending van een preek over de marteldood van Hussein die werd uitgezonden vanuit het mausoleum van imam Khomeini waarbij honderden gelovigen aanwezig waren. Op de tv aan de rechterkant zorgde een voetbalwedstrijd voor afleiding van de zoon. Het volume van beide beeldbuizen stond voluit en de 'dorst' van de volgelingen van Hussein vermengde zich met de doelpunten van de Iraanse selectie...

Ik ging in een stoel aan de zijkant zitten en keek naar het schouwspel met een glaasje thee in mijn hand. Een man die gespecialiseerd was in het reciteren van de dood van de heilige zweepte de aanwezigen op tot een uitbarsting. Het gehuil werd sterker naarmate de spanning steeg en het moment van de marteldood dichterbij kwam. 'Ze vinden het geweldig,' liet degene die naar het voetbal zat te kijken zich ontvallen. 'Dankzij deze verhalen weten de geestelijken zich te allen tijde verzekerd van de steun van duizenden mannen die bereid zijn om te vechten in een oorlog of om zichzelf op te offeren op het moment dat zij dat nodig achten. Moet je die gezichten zien: een bevel is genoeg om al die mannen op de been te krijgen om hun orders uit te voeren.'

Zijn moeder die met haar hoofddoek om aandachtig volgde wat er gebeurde in de woestijn van Kerbala en zag hoe degenen die aanwezig waren bij de ceremonie huilden en krijsten, vertrok nog geen spier. Ze kende de ideeën van haar zoon zo langzamerhand wel en vond het niet de moeite waard om zich met het gesprek te bemoeien. Bovendien zou ze dan het risico lopen iets van de preek die zo boeiend was, te missen. De recitator was een van de besten van Iran en de voordracht naderde de climax: '*teshne, teshne,* dorst, dorst,' schreeuwde hij elke keer harder en allen huilden vervolgens om zijn ellende en eenzaamheid. Dit alles was tenslotte een manier om je te bevrijden van alle duivels, eens flink uit te huilen en je tot in het diepst van je hart te laten ontroeren door je helemaal over te geven aan de emoties en je gevoelens de vrije loop te laten zonder je te schamen, en daarbij had je ook nog het gevoel dat anderen je smart deelden. Op het andere scherm scoorde Ali Dei, de beste speler van de Iraanse selectie, net een doelpunt. Ik, scheidsrechter van zoveel emoties, besefte op dat moment dat ik in die woonkamer, zonder van mijn stoel op te hoeven staan, de twee gezichten van Iran voor me had.

Diezelfde dag in het huis van een ingenieur die ons had uitgenodigd voor het avondeten, kwam ik aan de weet dat, terwijl ze mij de keuken lieten zien, er een feest voor jongeren aan de gang was in een van de kelderruimtes, hoewel de muziek nauwelijks te horen was en iedereen op kousenvoeten leek te dansen. 'We moeten heel voorzichtig zijn,' fluisterde de jongste van de familie terwijl hij zijn mond naar mijn oor bracht alsof hij vreesde dat hij in zijn eigen huis werd afgeluisterd. De jongen volgt een opleiding aan een kunstacademie in Teheran en is al een goede beeldhouwer. Zijn vriendin, die ook op het feest was en die hij later aan ons zou voorstellen, is een modern meisje, slank, met een enorme bos zwart haar, gekleed in een turkooizen jurk met decolleté en hoge hakken. Als het feestje zou zijn afgelopen, dan zouden na een tijdje de jongeren een voor een door hun vader of moeder met de auto worden opgehaald nadat die per mobiele telefoon waren gewaarschuwd. Jongens en meisjes zouden druppelsgewijs naar buiten komen, de laatsten met een hoofddoek om, de eersten heel zedig met een bedrukt gezicht alsof ze zojuist een zonde hadden begaan. Dit soort bijeenkomsten zijn verboden in Iran, vooral tijdens deze feestdagen.

Tijdens het natafelen liet ik een brief van ayatollah Montazeri zien die met de hand in het Perzisch was geschreven en die zijn stempel droeg. Ik had de gescande brief op mijn naam via internet ontvangen en allemaal waren ze verbaasd dat zo'n beroemde man met mij via e-mail correspondeerde. Toen ik ze ook nog vertelde dat de meeste ayatollahs een eigen webpagina hebben, waren ze helemaal sprakeloos.

Montazeri is een van de belangrijkste ayatollahs van Iran, een *marja-e taqlid*, een voorbeeld dat je moet navolgen en die veel volgelingen heeft. Hij zou Khomeini na zijn dood opvolgen, maar kreeg van diezelfde imam plotseling te horen dat hij op geen enkele politieke post nog aanspraak kon maken en heeft tot op de dag van vandaag huisarrest. Montazeri trok het principe van de *velayat-e faqih*, oftewel gids van de revolutie, in twijfel. Dit is een fundamentele instelling van de regering in Iran die altijd in handen is van de conservatieven. Dit orgaan dat door Khomeini in het leven is geroepen, verijdelt elke poging tot liberalisering en werpt voortdurend hindernissen op voor president Khatami. Degene die aan het hoofd staat van de *velayat-e faqih*, op dit moment *hojatolislam* Ali Khamenei, heeft in laatste instantie de wetgevende en de juridische macht en is verantwoordelijk voor de verdediging van de natie. In zijn brief schreef hij dat hij geen bezoek mocht ontvangen, maar dat zijn zoon die in het huis naast hem woont, me graag zou ontvangen. Hij gaf me ook te kennen dat als ik er eenmaal zou zijn er wel een mogelijkheid was om hem ook te spreken. Mijn vrienden waarschuwden voor het gevaar dat zo'n bezoek met zich mee zou brengen en dat de verkiezingsstrijd, die toen aan de gang was, niet het geschikte moment voor zo'n onderneming was. Toen ik besefte welk gevaar het gezin liep dat de deuren van hun huis in Isfahan voor mij had geopend, als ik ayatollah Montazeri zou opzoeken, stopte ik de brief onder in mijn koffer en besloot het avontuur uit mijn hoofd te zetten. Terwijl de ouderen van mening verschilden of Montazeri beter was dan de andere ayatollahs en zich probeerden voor te stellen hoe het in Iran zou zijn als hij Khomeini was opgevolgd, stond de zoon van de tafel op en zei: 'De beste mullah is een dode mullah.' Nadat hij zijn zegje had gedaan, ging hij met zijn vriendin een frisse neus halen.

Nu ik toch in Teheran was, kon ik van de gelegenheid gebruik maken om een bezoek af te leggen aan de grote begraafplaats van de hoofdstad die Behesht-e Zahra, 'schitterend paradijs', werd genoemd, en ik vroeg mijn vriendin Mitra me donderdagochtend om zes uur op te pikken om met me mee te gaan. We hadden zo vroeg afgesproken omdat donderdag en vrijdag de dagen zijn dat veel families naar de begraafplaats gaan en er daardoor veel files op de wegen ontstaan. Donderdag en vrijdag zijn voor moslims wat voor ons zaterdag en zondag is, en in Iran zeggen ze dat op die dagen de geesten van de doden op de begraafplaats rondwaren en dat het raadzaam is om ze gezelschap te houden. Mijn vriendin had een bos witte en rode rozen bij zich. De begraafplaats was nog uitgestorven toen we arriveerden en we liepen meteen door naar de zone waar de martelaars lagen begraven van de achtjarige oorlog tussen Iran en Irak die pas twaalf jaar geleden was afgelopen. De vrede is nooit getekend. De stille getuige van dat bloedbad zijn rijen en rijen graven, grafstenen op de grond, alle moslims moeten immers worden begraven in de grond, aangezien grafnissen en crematies niet zijn toegestaan.

We liepen langs rijen grafstenen die waren versierd met enorme fotolijsten op poten in de vorm van een recht prisma met metalen ribben met glas waarin een foto van de overledene zat, bijna allemaal jonge mannen en heel vaak bijna nog kinderen. Sommige lijsten hadden meer dan een foto: een vader en een zoon of twee jongens, waarschijnlijk twee broers. Ik zag zelfs drie of meer foto's samen in zo'n lijst, alle mannen van een familie in één oorlog omgekomen, en ik dacht aan het verdriet van honderdduizenden vrouwen. Het waren bijna allemaal *Basiji's*, vrijwilligers voor de dood, mannen die zichzelf opofferden om zo in de islamitische hemel te komen. Ze waren kanonnenvlees. Ze werden praktisch zonder wapens naar de voorste linies gestuurd. Nu hebben ze een speciale plek op de begraafplaats, met vlaggen en foto's, want het zijn martelaars van een oorlog die miljoenen mensen het leven kostte. Jaren van revoluties met veroordelingen en zuiveringen, acht jaren van oorlog met vrijwillige doden, verplichte doden en duizenden jongeren en kinderen die naar het buitenland waren gevlucht, omdat ze niet bereid waren te vechten voor iets waar ze niet in geloofden, en vervolgens ruim tien jaar om te leren leven zonder zoveel angst en te beginnen met nadenken en trachten voorzichtig en met geduld uit het gat te kruipen...

Een lichtstraal verlichtte de gemoederen toen Khatami met zijn hervormingsgezinde bedoelingen ten tonele verscheen. Degenen die realistisch waren, en daarvoor hoefde je niet volledig bekend te zijn met wat er zich achter de schermen afspeelde in de regering, vreesden dat dat slechts woorden en goede bedoelingen waren en dat een liberalisering onmogelijk zou zijn. Maar de behoefte aan een frisse wind zorgde dat de jongeren en de vrouwen massaal de nieuwe president steunden, die overigens niet nieuw in de politieke arena was en die deel uitmaakte van de geestelijken en het regime. Voor het moment eist de meerderheid liberalisering, maar iedereen is het erover eens dat de weg die te gaan is, lang zal zijn en niemand lijkt bereid de verschrikkingen van het verleden te herleven.

Voor een van de graven stond een vrouw te praten met een straatveger. Toen ze ons zagen, groetten ze ons en de vrouw vond het goed dat we met haar meeliepen en dat ik haar met mijn filmcamera vastlegde. Ze liet ons het graf zien waar de resten van haar zoon, een jongen die ons aankijkt vanaf zijn foto, te ruste zijn gelegd. Op haar knieën aan de voet van de grafsteen vertelde ze dat hij negentien was en dat hij net was begonnen met zijn studie aan de universiteit. Hij had het toelatingsexamen gehaald, en dat is geen geringe prestatie in Iran. Al bijna twintig jaar lang kwam ze elke donderdag naar zijn graf en zijn geest troostte haar. Ze gooide water over de steen om hem schoon te maken en strooide er een paar rozenblaadjes op. Ze had, zoals gebruikelijk is, iets te eten meegenomen, een zoete lekkernij die ze die week had klaargemaakt om andere bezoekers van het kerkhof op te trakteren. Deze keer had ze koekkransjes en dadels meegebracht en ze bood ze ons ook aan. We namen een kransje aan, maar zowel Mitra als ik kreeg het niet door onze keel, omdat de massa aan onze tong bleef plakken en we kregen het met geen mogelijkheid weg, alsof het verdriet ons belette om te slikken. Die vrouw was de belichaming van de grote teleurstelling die deze oorlog voor veel mensen betekende, gemaakt van toespraken vol gif die duizenden jongens overtuigden om zich op te offeren, een opgelegde oorlog zoals de Iraniërs ons altijd in herinnering brengen. Aanvankelijk waren vaders en moeders nog trots op hun martelaars. Bovendien genoten ze veel privileges, maar die werden in de loop van de tijd steeds minder zodat er uiteindelijk alleen een diepe teleurstelling en een enorm verdriet overbleef. Een moeder in haar zwarte chador had zich op een natte grafsteen met rozenblaadjes geworpen op een nog uitgestorven begraafplaats – vele bezoekers die elkaar troostten en lekkernijen uitwisselden, waren nog niet gearriveerd – en was het toonbeeld van troosteloosheid. Haar zoon, een jonge jongen nog, keek haar vanaf de foto aan; een sticker met het norse gelaat van ayatollah Khomeini die tegen het glas geplakt was, verbleekte...

Nu pas beginnen ze in Iran over die oorlog te praten: nu, dertien jaar later. In het begin wilde men vanwege de pijn niet weten van commentaar. Dat gebeurde ook tijdens onze Burgeroorlog. Alleen pronkten ze in Iran een tijdlang met hun doden omdat het religieuze martelaren zouden zijn; daarna kwam de stilte, en nu, heel langzaam, stamelend, wordt er weer over gesproken. Er wordt gepraat over de angst, de bombardementen; acht jaren van angst is veel om de huidige rust in gevaar te brengen. Altijd als ik ernaar vroeg, kreeg ik hetzelfde antwoord. Ze zijn bereid de situatie te ontwijken met fantasie en veel geduld. Degenen die in het land gebleven zijn, weten dat het moeilijk wordt om weg te gaan. Het is onmogelijk om een visum te krijgen. Australië en Canada waren tot voor kort landen waarnaar je nog kon emigreren: daar is nu ook geen sprake meer van. In 1994, toen ik na vele jaren van afwezigheid, terugkeerde naar Iran, werd er in alle huizen gesproken over visa. Wie waren bezig met de aanvraag ervan en wie niet meer, maar nu worden er geen visa meer aangevraagd. 'Zij zijn daar en wij hier,' zeggen ze berustend.

We liepen steeds verder weg van de zone waar de *Basiji's* lagen, langs lanen die omzoomd waren met bomen waarvan de bladeren net uit leken te zijn gekomen. Het was lente en de perken stonden vol bloemen. De enorme begraafplaats liep vol met mensen. Een lentewandelingetje en de weekendpicknick. We bezochten het deel waar de kunstenaars lagen begraven. Op de grond lagen grafstenen met daarin de naam en een afbeelding van de overledene gegraveerd, sommige hadden zelfs een pen, andere hun muziekinstrument. Er lagen schilders, musici, acteurs en dichters. De echtgenoot van Forough,

de geliefde dichteres, lag er, de schilder van miniaturen Be-
zhad en vele anderen die mijn vriendin aanwees en citeerde,
maar die ik niet kende. Er waren behoorlijk wat bezoekers in
dit gedeelte waar het grasperk er verzorgd bijlag en bomen en
bloemen groeiden. De vogels tjilpten en de mensen trakteer-
den op dadels. Ik genoot van een honingzoete dadel die bijna
op mijn tong smolt en die ik van een lachende jongen had
gekregen. Het waren bijna allemaal bezoekers, geen familieleden van de overledenen; ze waren gekomen om hun eer te
betonen aan hun kunstenaars en legden bloemen op het mar-
mer van de grafstenen die nat waren van het water dat er was
opgespoten. Mijn vriendin verspreidde ook haar rozen. Ze
had de blaadjes losgeplukt en die zweefden door de lucht,
voortbewogen door een zuchtje wind of door het water van
een stromend beekje voor ze in het niets opgingen. Hier was
geen verdriet te bekennen, alleen poëzie. Een man declameer-
de met luide stem een gedicht voor een graf, de tuinman die
in het groen was gekleed met een hark in zijn hand en een
strooien hoed op zijn hoofd, luisterde naar hem, terwijl hij stil
naast hem stond, om vervolgens commentaar te geven op de
betekenis van de woorden. De bloemblaadjes zweefden nog
steeds in de lucht.

Mijn vriendin vroeg de taxichauffeur ons te brengen naar
het deel waar de graven geen gedenkstenen hebben. Mitra be-
doelde de zone waar de mensen lagen begraven die waren vermoord door het regime, maar ze durfde dat niet hardop te
zeggen, omdat veel taxichauffeurs spionnen zijn. Na een conversatie waarin de dingen niet bij hun naam werden genoemd, kwamen we uiteindelijk terecht in een gebied dat wel
een braakliggend terrein leek. Daar groeiden geen bomen die
hun schaduw op de grond wierpen, daar waren geen vogels
die zongen, bloemperken noch grafstenen. Er waren, dat wel,
resten van kapotte grafstenen en hier en daar ook een stuk
ijzer dat krom en verroest was en dat nog overeind stond als

een stuk puin. Daar lagen de Moedjahedien Khalq, de vijanden van het regime, ook fanatieke moslims wier politieke leiding naar Irak is gevlucht. Een vrouw die haar chador had omgeslagen, leegde een fles water op de aarde, en het leek of een klein stukje van die enorme kale vlakte in beweging kwam. We liepen op haar af en begonnen een praatje. Ze vertelde ons dat haar dochter zich met de grootste verwachtingen had aangesloten bij de Moedjahedien Khalq toen Khomeini terugkeerde en dat ze, nadat ze gearresteerd was en in de gevangenis van Evin was gezet, tot de doodstraf was veroordeeld. In de loop der jaren had de vrouw verschillende keren een grafsteen geplaatst, maar die werd telkens vernield. Een tijdje geleden had ze de moed opgegeven en gaf ze alleen de aarde nog water in de hoop dat er een zaadje zou ontkiemen. 'Ze hebben haar daar begraven,' legde mijn vriendin uit 'omdat moedjahedien moslims zijn; als ze actief lid van de *Tudeh*-partij en communist was geweest, dan zou ze in een gemeenschappelijk graf buiten de begraafplaats terecht zijn gekomen.'

Bij onze terugkeer in de zone waar het levendig was en iedereen zat te eten, te praten en te lachen en de kinderen tussen de graven, rozenstruiken en fonteinen rondrenden, leek het op de begraafplaats wel een feest. Een paar dagen eerder had ik de begraafplaats van Isfahan bezocht. Een groep vrouwen die in een kring op de grond op een *sofreh* of tafellaken zaten met naast hen een brandend pitje op een butagasfles, bood me een sinaasappel aan en uiteindelijk werd ik ook opgenomen in de kring. Ze vertelden me dat ze daar de middag doorbrachten en picknickten met hun vader en opa, en ze wezen op een grafsteen die naast hen in de grond stond. Ze waren tevreden. Het waren twee zussen, al wat ouder, met hun dochters en schoondochters, allemaal met een zwarte chador om. De jongeren hadden zin om te praten en te lachen, maar de ouderen ook. We picknickten en hadden een fantastische middag samen. Een jongen die voorbijkwam fietsen, kwam er ook bij zitten om te eten en te kletsen. De vrouwen stelden scherpe vragen. De schoondochters waren nog niet zo heel lang geleden getrouwd en waren nog erg jong. Daar leek de dood een toevallige voorbijganger die ook was aangeschoven, en ik begreep meer dan ooit dat niemand echt doodgaat zolang er nog iemand is die aan hem denkt en het over hem heeft.

We liepen naar de uitgang die uitkwam op de weg naar Teheran terwijl de koperkleurige koepel en de minaretten, tussen indrukwekkend en kitsch, van het mausoleum van imam Khomeini ons uitgeleide deden. Aan de andere kant van de weg, in de richting van Behesht-e Zahra, stond een file. Hier hield Khomeini zijn eerste rede tussen de menigte die hem toejuichte bij zijn terugkomst in Iran na jaren van ballingschap. Hier was alles begonnen, nu tweeëntwintig jaar geleden.

Tijdens de terugrit in de taxi praatte ik met Mitra over de bijzondere manier van de Iraniërs om hun verdriet, *ghamjini*, en hun gevoelens in het algemeen te uiten. Als ze een tegenslag te verwerken hebben, dan geven zowel mannen als vrouwen openlijk uiting aan hun verdriet door te huilen, te schreeuwen, hun haren uit hun hoofd te trekken en zelfs door hun gezicht open te krabben, en de samenleving accepteert dat gewoon, juicht dat zelfs toe, omdat ze dat niet als een teken van zwakte, maar juist als oprechtheid zien. Wat de Iraanse samenleving echter niet duldt, is je woede, *asabaniyad*, in het openbaar luchten omdat dat een bewijs is van onvolwassenheid en van onvermogen om jezelf in de hand te houden. Kortom, in Iran kun je jezelf niet de weelde permitteren om je kalmte te verliezen, iets wat heel normaal is onder westerlingen. Alles wat kan leiden tot een eventuele ruzie, wordt heel beleefd afgehandeld, en vooral buitenshuis houden ze zich heel erg in, behalve dan, zoals ik al zei, als ze rouwen. Weten hoe je je moet gedragen, betekent hier weten je eigen gevoelens te onderdrukken en zoveel zelfverloochening veroorzaakt vaak ernstig psychische problemen.

Het is sluitingstijd: de nachtwaker is er al en de grot is in stilte gehuld. Ik zie dat Reza voor hij de deur achter zich dicht doet nog een keer naar het prachtige tapijt uit Tabriz kijkt, alsof hij er afscheid van neemt.

5

EEN FLUWELEN DROOM

Het is vandaag een schitterende dag, alsof hij van kristal is; zo'n dag waarop er zelfs geen zuchtje wind staat en ik geniet er al in alle vroegte van. Gisteren heb ik besloten 's ochtends vroeg naar het Emam Plein te gaan, wanneer het licht van de zon je blik nog niet verblindt en de contrasten niet te scherp zijn. Ik ben met Nazanin, de dochter des huizes, meegelopen naar haar school over de stoep van de Chahar Behesht Avenue. Jongens en meisjes met rugzakken maken aanstalten om naar school te gaan. De jongere meisjes met witte *maqnaehs*, een soort nonnenkapjes die hun hoofd bedekken, en hun zwarte overkleden, en de oudere die naar de middelbare school of de universiteit gaan, met een zwarte *maqnaeh* en zwart overkleed. Sommigen dragen zelfs nog een chador over het kapje heen. Ik loop verder tot het kruispunt van Felestins en ik sla de Shahid Ayatollah Dastgheib Avenue in die tot voorbij het grote plein loopt.

De eigenaar van de winkel met plaatjes en vrome ansichtkaarten, notitieboekjes, potloden en religieuze boeken, die bovendien een fotokopieerapparaat heeft waar ik een paar dagen geleden een paar pagina's uit mijn paspoort heb gekopieerd om mijn visum te verlengen, haalt het ijzeren rolluik omhoog en begroet me alsof ik een oude bekende ben. '*Sobh bekheir*', 'goedemorgen,' zegt hij, 'wilt u erlangs? Heeft u iets nodig dat u mogelijk in mijn winkel kan vinden? Kom dan binnen voor een glas thee; ik zal meteen de samowar aansteken.'

Deze vriendelijke woorden hebben me tot staan gebracht en hoewel ik niets nodig heb, accepteer ik de thee die hij me aanbiedt, de tweede van die dag, aangezien ik 's ochtends met Nazanin al een glaasje thuis had gedronken. Terwijl de man de samowar aansteekt, vertelt hij me dat hij verbaasd is dat hij me elke dag de hoek om ziet komen. Hij weet dat ik uit Spanje kom, omdat hij mijn paspoort had bekeken toen hij die voor me kopieerde. Sinds die dag groeten we elkaar vriendelijk elke keer dat ik langs zijn winkel kom, hoewel hij mij de eerste dagen achterdochtig had aangekeken en hij een onaangename en onsympathieke indruk op me had gemaakt. En toen ik een keer, vlak nadat ik in de stad was komen wonen, in zijn winkel een rol isolatieband wilde kopen, hielp hij mij met tegenzin en pas nadat hij eerst alle mannen die maar bleven binnen-druppelen, had geholpen. Ik kreeg een hekel aan hem, en zo-dra ik zijn onbehouwen gezicht achter de smerige etalagerui-ten zag, werd ik al boos... tot ik kopieën moest maken. Die dag zei hij al '*salaam, khahum*' toen hij me zag binnenkomen. Ik groette hem met een kort '*salaam*' terug, maar keek hem niet aan toen ik hem mijn paspoort gaf. 'Hoeveel krijgt u van me?' vroeg ik hem in het Perzisch. 'Twee toman,' antwoordde hij en terwijl ik in mijn portemonnee naar kleingeld zocht, hoorde ik hem zeggen, wat al zo vaak gezegd was, '*khub farsi baladid*', 'wat spreekt u goed Perzisch', een zin die bijna altijd tot een gesprek leidt. Deze keer gaf ik hem niet de kans om zijn nieuwsgierigheid te bevredigen, die me trouwens pure be-moeizucht leek. Dat plezier zou ik hem niet gunnen, dacht ik en ik antwoordde alleen maar '*cam, cam,* een beetje, een beetje,' terwijl ik hem een briefje van honderd toman gaf zon-der hem in zijn gezicht te kijken.

'Ik heb u de laatste dagen niet meer voorbij zien komen en ik miste u; ik was eraan gewend geraakt om u langs te zien lopen, *khanume.*'

'Ik ben een paar dagen op reis geweest,' antwoordde ik

terughoudend, omdat ik geen zin had om verder te praten en ondertussen pakte ik met neergeslagen blik mijn wisselgeld en nam ik met een snel '*khoda hafez*' afscheid.

Sindsdien groette hij me elke keer dat hij me langs zag komen. En nu ben ik hier simpelweg dankzij een gewoonte, vanwege de bescheiden kracht van herhaalde handelingen die een automatisme worden. Ik zit op een wankel krukje die de man met veel moeite heeft weten te plaatsen tussen de muur en de toonbank achter de half openstaande deur van zijn kleine, volgestouwde winkel. Gedrongen, dik, slecht gekamd en nog slechter geschoren, in een bruin overhemd met witte kraag dat tot de laatste knoop dicht zit, is mijn ondervrager het toonbeeld van een handelaar op een Iraanse bazaar. 'Zo Spaanse, bevalt Isfahan u?' Op die manier beginnen bijna alle conversaties, en ik heb er geen problemen mee te antwoorden met elk willekeurig cliché om op die manier een gesprek op gang te brengen en zo meer mensen te leren kennen en van alles te horen over hun leven en hun gewoontes. Ik heb geen haast en ik wil me ook niet haasten; als ik het plein niet om acht uur zie, dan zie ik het wel om negen uur en anders is er morgen weer een dag, of desnoods zie ik het plein tijdens een volgend bezoek aan Iran. Ik geniet er nu van dat ik hier zit, in deze winkel die net open is, en dat ik de gelegenheid krijg om te praten met deze onaangename man die nu vriendelijk tegen me begint te doen.

'Heeft u echt niets nodig dat ik u zou kunnen verkopen, *khanum*?'

'Nu ik erover nadenk, heb ik toch een klein adressenboekje nodig om alle adressen netjes op te schrijven die ik hier verzamel.'

Uit een paar modellen kies ik er een en betaal hem. De man is nu zeer tevreden en vertelt dat het een mooie dag zal worden, omdat de eerste persoon die hij zag bij het openen van de winkel, dat wil zeggen, mij, binnen is gekomen en iets heeft gekocht, en dat brengt geluk, want de eerste klant is een zegen van God. De thee is bijna klaar. Met de eerste druppels water die uit het kraantje van de samowar komen, spoelt hij de thee-glazen om en met een soepele beweging gooit hij het water vanachter de toonbank op de stoep; vervolgens vult hij, zoals gebruikelijk is, het glas voor de helft met de thee uit de thee-pot en giet vervolgens het glas vol met kokend water uit de sa-mowar.

'U heeft dus alleen een zoon en een dochter. Wat moeten de bejaarden eenzaam zijn in Europa!' komt hij tot de slotsom. 'Ik heb zeven kinderen, zonen en dochters, die allemaal al ge-trouwd zijn en kinderen hebben, en hoewel er geen eentje meer in huis woont, zijn mijn vrouw en ik nooit alleen thuis. Ons huis is altijd vol rumoer en drukte en elke dag komt er iemand langs om ons te bezoeken. Twee van mijn zonen heb-ben op de universiteit gestudeerd en allemaal hebben ze werk en hebben ze het goed.'

Bij het zien van dit kleine winkeltje dat hij bestiert, vraag ik me af hoe hij het voor elkaar gekregen heeft om al zijn kroost zo goed op weg te helpen. Boven de toonbank is geen centi-meter hout zichtbaar, alles staat vol verlichte kartonnen kaar-ten ter grootte van een speelkaart met verzen uit de koran, en tijdschriften in het Perzisch. Ik kijk naar de muren om te zien of ik ergens een ingelijste foto van een jongeman zie hangen, wat zou kunnen betekenen dat er een martelaar in de familie is en dat een uitkering van de staat de man geholpen heeft om de studie van zijn zonen te kunnen bekostigen, maar ik zie al-leen foto's van Khomeini en Khamenei, de leider van de revo-lutie. Aangezien er geen foto's van Khatami hangen, trek ik meteen conclusies over zijn manier van denken. Uiteraard moet ik hem uitleggen wat ik in Isfahan doe. Of ik alleen op reis ben. Wat mijn man ervan vindt. Ik logeer bij een Iraanse familie die bevriend is met ons gezin, leg ik hem uit en dat stelt hem tevreden.

'Dus uw man kent ze?'

'Inderdaad,' antwoord ik en het valt me op dat zijn gezicht ontspant.

Ik zie dat hij zich nog meer ontspant als ik hem vertel dat ik ruim vijftig ben en dat ik niet veel verplichtingen thuis heb. We nemen afscheid van elkaar met een buiging, de rechterhand op de borstkast en een *khoda hafez*. Nu kan hij mij plaatsen en ben ik niet meer *haram*, het verbodene, en ben ik gelukkig beland in de wereld van *halal*, het islamitische goede.

Met opzet loop ik het Emam Plein op zonder langs de grot van Ali Baba te lopen, want ik weet dat als ik dat wel doe, ik nooit op mijn bestemming aankom, maar gezellig met Hassan ga praten die me bij de ingang een verhaal begint te vertellen, of met Abbas, altijd bereid om me details te vertellen over zijn geboortedorp, of met Reza die vast een paar klanten boven heeft die naar een zeer bijzonder tapijt aan het kijken zijn.

Het plein is een lust voor het oog; er slenteren nog geen toeristen rond noch rijden er luid toeterende auto's, er zijn alleen winkeleigenaren die hun zaak aan het openen zijn. Het licht is buitengewoon en de zon verlicht de voorkant van de turkooizen koepel van de Imammoskee. Ik ga met mijn rug naar de poort van de bazaar zitten op een van de banken die naast de ingang staan. De zon komt nog niet boven de platte daken uit, maar schijnt wel al op de koepel en de minaretten. De witte zonneschermen, allemaal even groot, die de ingangen van de winkels tegen de zon beschermen, zijn nog opgerold. Het zal niet lang meer duren of de eigenaren van de rij winkels die ik aan mijn rechterhand heb, zullen beginnen met ze uit te rollen, omdat zij de zon 's ochtends hebben en hoewel het pas april is, is die al heel fel. De poort van de bazaar is open en er lopen al behoorlijk wat voetgangers; ook rijden er karretjes volgeladen met handelswaar en fietsen en motoren.

Ik wandel het hele plein over, ik neem vanuit verschillende hoeken foto's en ga het theehuis in dat naast de ingang van de bazaar ligt om vanaf het dakterras het panorama te bezichtigen. Toen ik tijdens de voorbereidingen van mijn reis me een voorstelling probeerde te maken van mijn leven in Isfahan, dacht ik dat ik vaak naar dit terras zou gaan om het vallen van de avond te aanschouwen, zoals Toni en ik hiervoor hadden gedaan; maar ik had niet voorzien dat er zoveel toeristen zouden zijn in april en het is nu bijna onmogelijk om een plaatsje te bemachtigen wanneer de schemering valt. Fotocamera's schieten onafgebroken plaatjes en in de lucht zoemt het van de stemmen. Maar op dit uur van de dag, wanneer de zon nog aan het klimmen is en de geglazuurde tegels beginnen te schitteren, geniet ik in alle rust en eenzaamheid van het uitzicht.

Wanneer ik eindelijk in de grot verschijn, zijn ze aan het ontbijten: vers brood waar de damp nog van afkomt, verse kaas en watermeloen. De samowar staat al te borrelen en de glaasjes thee gaan in het rond. Iedereen staat rond de tafel in het kantoor te eten en te praten. Mijn binnenkomst vrolijkt ze op: '*chai mikhori?*' vraagt Hassan en wil al thee voor me inschenken. 'Dank je, ik pak zelf wel', en ik loop naar het scherm waar de samowar achter staat.

Plotseling zien we een hoofd met wit haar op de trap verschijnen. Een lange, slanke man komt de trap op en achter hem loopt een vrouw met eveneens wit haar.

'*Salaam alecom.* Willen jullie met ons mee ontbijten?'

'Een paar stukjes watermeloen zouden we zeker lusten. Hij is zo mooi rood en lijkt zo sappig en vers.'

En zo begint zoals zo vaak een gesprek. Er worden een paar krukjes gepakt, degenen die net zijn binnengekomen gaan zitten en meteen krijgen ze een glaasje thee en een bordje met in blokjes gesneden watermeloen. Het echtpaar komt uit Zwitserland en wil graag Turkmeense tapijten zien, hoe ouder hoe beter, maar misschien verkopen ze ook een interessant nieuw tapijt. Reza beseft meteen dat hij klanten voor zich heeft die verstand van zaken en een uitgesproken smaak hebben, en wijst Abbas, die zoals altijd vanuit een hoekje toekijkt, een stapel kleden waartussen de exemplaren liggen die hij in gedachten heeft.

Turkmenen zijn de typisch vliegende tapijten, de populairste van alle oosterse tapijten, met verschillende rode nuances, donkere lijnen en geometrische figuren. Deze kleden zijn in Iran niet zo geliefd, ze liggen vaak op minder belangrijke plekken in huis zoals in de keuken of in de gang, omdat dankzij hun donkere en intense kleuren het vuil er niet zo zichtbaar op is. Aangezien het nomadenkleden zijn, worden ze zonder patroon en uit het hoofd geknoopt. Ze worden voornamelijk gemaakt in het noorden van het land en in een aantal voormalige sovjetrepublieken en Afghanistan. Er zijn mensen die ze bochara's noemen, alsof dat staat voor een bepaalde kwaliteit binnen de Turkmeense tapijten of alsof ze uit de oude stad Bochara in Turkmenistan komen. Ik herinner me dat in Afghanistan bochara synoniem is voor de hoogste kwaliteit. Reza legt me uit dat namen soms niets meer zijn dan een gevolg van een modeverschijnsel; als ze in Europa de kleden op een bepaalde manier benoemen, dan nemen de handelaren deze namen ogenblikkelijk over om zo de verkoop ervan op te krikken en de klant te overtuigen.

Abbas begint bijna devoot de exemplaren uit te vouwen. Het eerste tapijt heeft een doffe rode kleur, bijna wijnrood, de symmetrische figuren zijn achthoekig en behoorlijk groot. '*Fil pa* of olifantsvoet,' merkt Reza op die zich heeft opgeworpen als leraar en mij uitleg geeft wanneer hij kan. Ik heb me nog niet in het gesprek gemengd, maar ik heb me met een glaasje thee in mijn hand al wel een plekje tussen de toeschouwers verschaft. Omdat ik me zo goed vermomd heb, houden ze me voor een Iraanse en beseffen pas dat ik ergens anders vandaan kom als Reza 'olifantsvoet' in het Spaans zegt. 'Allemachtig, bent u Spaanse?' vraagt de gedistingeerde Zwitser, en het gezicht van zijn vrouw fleurt helemaal op. 'Ja, meneer,' antwoord ik, 'spreekt u soms Spaans?' Het ijs is gebroken. Het doet er niet toe wie er binnenkomt of wie er weggaat, iedereen die wil, sluit zich aan bij de kring, pakt een krukje en gaat zitten of begint juist te kijken naar andere soorten kleden en bouwt een eigen kring om zich heen. Het gesprek ontvouwt zich in het Engels, hoewel de Zwitser te kennen geeft dat hij Spaans begrijpt en een beetje spreekt, net als Portugees. De man vertelt dat hij al heel lang een liefhebber is en dat hij en zijn vrouw al jaren turkmenen verzamelen. Ze kozen voor dit soort tapijten, omdat ze ze mooi vinden en omdat ze een bijzonder exemplaar hadden gevonden, uniek in de wereld, die hun verzamellust op gang had gebracht; sindsdien kopen ze alleen nog Turkmeense tapijten. Een oom van hem was ingenieur en werkte begin twintigste eeuw in het zuiden van Iran. Hij begon zich voor tapijten te interesseren, zozeer zelfs dat hij zich ging verdiepen in de wijzen van knopen en de techniek om het weefgetouw gereed te maken. Zijn fascinatie was zo groot dat toen hij Iran verliet en naar Brazilië vertrok, schetsen meenam van alle soorten Perzische tapijten en hun meest kenmerkende figuren, en in dat land een fabriek opzette die hij de naam Santa Elena gaf en die gedurende vele jaren met de hand geknoopte Perzische tapijten van de hoogste kwaliteit produceerde. In Zwitserland praatten alle familieleden over oom Antonio. Naar het schijnt hadden veel salons van chique huizen in Brazilië en zelfs in Argentinië en Paraguay kleden op de grond liggen die afkomstig waren van de fabriek Santa Elena van oom Antonio die pas een paar jaar geleden werd gesloten.

Bij het horen van het verhaal van deze man kan ik niet anders dan mijn fantasie de vrije loop laten en ik moet denken aan een van die haciënda's in Patagonië, prachtig ingericht en beheerd door een Midden-Europese vreemdeling. In de salon prijkte een magnifiek tapijt met een ontwerp uit Isfahan, een zijden inslag, natuurlijke kleuren, een zeer fijne knoping van volmaakt regelmatige knopen; ongetwijfeld een Perzisch tapijt, afkomstig uit Europa uit een tijd dat de mode oriëntaals gericht was, en geknoopt in een werkplaats ergens in het diepe Perzië... Nee dus; het was een tapijt van Santa Elena en het kwam al samba dansend uit Brazilië. Iemand vertelt dat al veel eerder de Portugezen – op weg naar Goa aan de zuidkust van India – die een stop maakten bij de zuidkust van Iran, patronen van tapijten en kelims naar Zuid-Amerika meegenomen moeten hebben en dat een aantal ontwerpen van Peruaanse kleden veel weg heeft van de Perzische.

Terwijl de conversatie bruist, gaan ze verder met het aanvoeren en laten zien van stapels kleden, totdat de mooiste opduikt, die ene die altijd verrast, die in al die overvloed toch nog weet te schitteren, ook al lijken de zintuigen niets meer te kunnen bevatten en geen nieuwe ontwerpen meer te kunnen onderscheiden, gewoon omdat ze zijn afgestompt. De tapijtverkoper zwijgt, maar de Zwitser vraagt onmiddellijk te stoppen met het uitvouwen van de kleden en gaat staan.

'Dat is een Afghaanse *mauri*,' roept hij uit en neemt hem in zijn handen, waarin hij geplooid blijft liggen als een fluwelen droom.

Een klein kleed, misschien een meter zestig bij een meter tien, met vijf rijen van kleine *guls*, een achthoek die in vieren is onderverdeeld met een lijst van sierranden van verschillende breedten met rozetten en geometrische motieven. De bordeauxtinten vallen op: wijnrood, pruimenrood, mahonierood komen naar voren in al hun schakeringen, velden vullend, figuren omlijstend, randen afbakenend; ook zit er wit en camel in.

'Deze moet zo'n tachtig jaar oud zijn,' verklaart Reza. 'Ik heb hem per toeval van een Afghaanse familie gekocht die een paar jaar geleden naar Iran was gevlucht en de grens was overgestoken via de bergen in het noordwesten van hun land. Het

waren halfnomaden van een Turkmeense Yomud of Tekke-
stam die met al hun spullen die ze mee konden nemen in een
paar bundeltjes opdoken in een dorp waar ik tapijten aan het
kopen was. Ze waren op de vlucht voor de oorlog. Ze boden
net de enige twee tapijten die ze bij zich hadden aan een paar
dorpsbewoners aan toen ik het geluk had dat ik ze in het oog
kreeg. De harmoniërende kleuren en de zachtheid en de kwaliteit van de wol verbaasden me; ik kon niet geloven dat zo'n
kleed van de hand kwam van de mensen die zo primitief leefden.'

Het Zwitserse echtpaar vertrekt, de man met het Afghaanse
tapijt onder zijn armen verpakt in een plastic tas met ritsslui-
ting van de zaak. Ik vraag Reza waarom hij dat kleed nog niet
had verkocht als hij het al jaren in huis had en hij legt uit:

'Als ik zo'n kwaliteitskleed heb, wil ik het niet aan de eerste
de beste klant verkopen, ook al heeft die genoeg geld om het te
kopen. Vandaag, nadat ik met die Zwitserse heer had gesproken, dacht ik voor het eerst dat het in zijn collectie tot zijn
recht zou kunnen komen. Ik heb prachtige kleden over de hele wereld verspreid liggen en van de eigenaars heb ik hun
naam, hun adres en hun telefoonnummer. Te weten dat het
tapijt dat ik vandaag heb verkocht ook nog naar zijn waarde
wordt geschat, betekent voor mij een klein eerbetoon aan die
Afghaanse familie die het mij heeft verkocht. Iemand die zoveel harmonie in een tapijt weet samen te brengen, zal altijd
mijn respect genieten.'

Ik sta te kijken van deze woorden van Reza en dat hij zo
over de Afghanen praat, want in Iran moet niemand iets van
ze hebben en worden ze als de bron van alle problemen beschouwd. Ik verheug me opnieuw over de gevoeligheid en de
wijsheid van deze tapijtverkoper die mij lessen geeft over
kunst en het leven.

Het telefoonkantoor ligt vlakbij de winkel en als ik naar
huis wil bellen, ga ik altijd daarheen. Voor ik bij de deur ben

die toegang geeft tot het gebouw, kom ik langs een rits tele-
foons die aan de muur zijn bevestigd, maar die zijn bijna altijd bezet en er staat ook bijna altijd een rij wachtenden. In het
begin dacht ik dat het makkelijk zou zijn als ik daar vandaan
lokaal belde omdat ik er toch elke dag langskom, maar de rij,
hoe kort ook, dwingt me altijd om lang te wachten, vooral als
er één, twee of drie meisjes aan één telefoon staan te praten.
Met de telefoonkaart die zij net hebben gekocht aan de tafel
naast de ingang van het kantoor, kunnen zij een half uur tot
een uur praten met hun vriendje of met de jongens aan de andere kant van de lijn. Het is duidelijk dat in een land waar het
contact tussen jongens en meisjes erg beperkt is, de openbare
telefoon een apparaat van wezenlijk belang is. En, nu ik het
toch over vriendjes heb, de manier waarop stelletjes op straat
en in de parken zich gedragen, is uitermate fatsoenlijk. Ze
praten met elkaar zonder elkaar in de ogen te kijken, bijna altijd met een neergeslagen blik. Het beeld dat je krijgt als je
meisjes aan de telefoon ziet kletsen, vooral als het gaat om een
groepje meiden, is daarentegen levendig en vrolijk... Ze voeren vast iets in hun schild, denk ik terwijl ik wanhopig word
van het wachten en ik zie af van mijn telefoontje.

Voor internationale gesprekken gebruik ik de telefooncel-
len in het kantoor. Tegenover de kas heb je een wachtruimte
met rijen stoelen. Terwijl ik wacht tot ze me roepen dat er ver-
binding is, kijk ik naar de mensen die binnendruppelen. Het
zijn bijna allemaal mannen alleen, met spleetogen en armoe-
dige kleding; enkelen dragen een pofbroek en een lang overhemd zonder kraag en bijna altijd zijn het mannen die zeer
dun of mager zijn hoewel ze nog niet zo oud zijn. Heel soms
worden ze vergezeld door een kind of een jongen, en heel af
en toe zie je ze met vrouw en kinderen. Het zijn Afghanen.
Mensen die zijn gevlucht voor een oorlog die al twintig jaar
hun land teistert, en voor de droogte die hun akkers teistert.
Ze vluchten voor de verschrikkingen en de ellende om een

beter leven te beginnen in Iran, waar hun taal wordt gesproken en als het Hazara zijn (een stam uit Midden-Afghanistan) delen ze zelfs dezelfde geloofsleer, het sjiisme. Maar hoewel Iran zich beschouwt als een van de landen die de afgelopen jaren de meeste vluchtelingen hebben opgevangen, en bovendien zonder enige internationale steun, heeft de massale toestroom van arme buren die al zo lang aan de gang is, een ernstig probleem veroorzaakt dat je direct opmerkt zodra je een tijdje in het land verblijft en met de mensen praat. Tijdens vorige reizen zag ik Afghanen in de bouw werken of wegen aanleggen. Nu is het aantal echter toegenomen en hoor je op straat zeggen dat je voorzichtig moet zijn omdat er veel Afghaanse dieven zijn. De mensen plaatsen tralies voor de ramen vanwege de Afghanen die in huizen inbreken. Vooral in Mashhad, vertelde de tante van mijn familie toen zij ons kwam opzoeken, is het probleem ernstig en neemt de criminaliteit enorm toe.

Elke dag zie ik 's ochtends vroeg een lange stoet gevangenen met geboeide handen voorbijkomen die gevolgd worden door politieagenten die hen onbeschoft duwen opdat ze hun pas versnellen, en velen gevangenen hebben spleetogen. 'Afghanen,' zegt een jongen die in de grot werkt. 'Ze zouden ze hier niet langs moeten laten komen omdat dat een verkeerd beeld bij de toeristen schept.' Ze steken inderdaad de meest symbolische toeristische trekpleister van Iran over, het Naqsh-e Jahan Plein, waar bijna alle buitenlanders die het land bezoeken, naartoe gaan. Naar het schijnt moeten ze voor ze naar het gerechtshof gaan een verklaring ondertekenen op een politiebureau dat zich uitgerekend op het plein bevindt.

Samengepakt in een getto, de wijk van Golshar de Mashhad, handelen ze in drugs om te kunnen overleven en gebruiken ze zelf opium, heroïne of hasj die in grote hoeveelheden in Afghanistan worden geproduceerd. Aan de mensen met krukken die door de wijk rondzwerven, kun je duidelijk zien dat ze uit een land komen dat bezaaid ligt met mijnen. Velen hebben geen papieren en hebben zelfs nog niet het recht om het werk te doen dat werkloze Iraniërs weigeren te doen. Het aantal Afghaanse vluchtelingen in Iran wordt geschat op twee miljoen, maar er zijn er veel meer. Van degenen die in de statistieken voorkomen, heeft slechts de helft een verblijfsvergunning en daarmee het recht om hun kinderen naar school te sturen. Iets vergelijkbaars gebeurt in Spanje met de Marokkaanse immigranten, maar het probleem in Iran wordt verergerd door de economische situatie die op dit moment niet goed is; het land lijdt onder het Amerikaanse embargo en de werkloosheidscijfers liggen hoger dan in welk Europees land dan ook.

'Deze Afghanen zijn hier ongewenst. Ze brengen ons alleen maar problemen, ze stelen en moorden; de autoriteiten zouden ze naar hun land moeten terugsturen. In wezen werden velen een aantal jaren geleden al teruggestuurd, toen de oorlog was afgelopen, maar later met de gewelddadigheden van de regering van de Taliban zijn ze niet verdergegaan met dat beleid. Nu wordt er gezegd dat ze de grensovergangen hebben gesloten maar de grens is zoveel kilometers lang dat ze overal waar de bewaking niet toereikend is, erdoor glippen,' fluistert een Iraanse vrouw in mijn oor. Ze is naast me komen zitten nadat een ambtenaar een man eruit had gegooid die niet begreep wat ze zei. Wat ontstaat er toch snel racisme, denk ik. Ik kijk om me heen en zie die uitgeputte, verdrietige en verwarde gezichten, uitdrukkingsloos, en toch hebben die mensen nu een beter leven dan daarvoor. 'Ze kunnen niet lezen en niet schrijven,' gaat de vrouw verder. 'In Afghanistan is bijna iedereen analfabeet en barbaars; er zijn alleen maar slechte dingen uit dat land gekomen, denk maar aan de plundering van Isfahan in 1727; dat hebben we allemaal op school geleerd. Het waren Pashtu-stammen die de stad plunderden, het waren mensen zoals de Taliban nú. Ze vermoordden de zoroastiërs die hier ook woonden en zelfs veel Iraniërs, alleen omdat het sjiieten waren. Wat er op dit moment aan de gang is, verbaast me niets.' Mijn gesprekspartner is een vrouw die geen chador draagt, maar alleen een hoofddoek en een overjas en ze vertelt dat haar man arts is. Ik vertel haar het verhaal van mijn Afghaanse vriendin Homa, om het gesprek op gang te houden zolang we moeten wachten. Ze was mijn kamergenote in het studentenhuis toen wij beiden aan de Universiteit van Teheran studeerden. Na de islamitische revolutie, toen de bombardementen van de oorlog met Irak begonnen, vluchtte ze naar de Verenigde Staten. Ze kwam daar aan met haar kleine kind en niets anders dan haar energie, haar lef en een goede opleiding, ze was immers studente geweest in Kabul aan het begin van de jaren '70, wat toentertijd een enorm privilege was. Ze kon bovendien goed naaien, was aantrekkelijk en ijdel en had een goede smaak wat kleding betreft. Ze bood aan om te naaien voor gezinnen uit de buurt waar ze werd opgevangen. Tegenwoordig is het de directrice van Armani in New York.

'Dat is wat anders,' onderbreekt ze me. 'In het ziekenhuis waar mijn man werkt, is ook een Afghaanse dokter die heel beschaafd is en een verfijnde smaak heeft. Hij heeft zelfs al twee keer bij ons thuis gegeten.'

Armoede, altijd weer die armoede, denk ik en plotseling schalt mijn naam door de luidspreker:

'*Khanume* Ana, cabine nummer vijf.'

6

ENGELENGEZICHT

'Ik hou van tapijten uit Zabol,' zegt meneer Ishimura, een prestigieuze binnenhuisarchitect uit Osaka, die op zijn knieën op de vloer zit boven een tapijt dat hij aan beide zijden centimeter voor centimeter naspeurt. 'Ik heb een zwak voor zaboltapijten.'

Hij is een paar dagen geleden in Isfahan aangekomen en brengt uren door in de grot van Ali Baba en in andere winkels van de bazaar. Meestal komt hij een keer in de zes maanden om tapijten te kopen voor zijn interieurzaak. Hier zal hij tachtig tot honderd tapijten uitzoeken die hem vervolgens worden nagestuurd. Hij benut deze periode van het jaar omdat ze dan gedurende een paar weken geen invoerrechten in Japan heffen. Reza vertelt dat geen enkele klant zo pietluttig is als hij. Na een paar dagen zijn we al vrienden geworden omdat er geen andere vreemdelingen zijn die zoveel tijd in de grot van Ali Baba doorbrengen; we bieden elkaar thee aan, praten met elkaar en bewonderen ondertussen bijzondere exemplaren. Tijdens deze reis is hij nog niet een uitzonderlijk tapijt tegengekomen: met het verstrijken van de jaren kost het hem elke keer meer moeite om iets speciaals te vinden, vertelt hij. De laatste keer had hij drie zulke speciale tapijten meegenomen dat geen haar op zijn hoofd eraan dacht om ze te verkopen, en hij heeft ze opgenomen in zijn persoonlijke collectie. Hij vertelt dat hij alleen nomadenkleden koopt, waarvan een behoorlijk aantal zaboltapijten, een enkele *gabbeh* of *ke-*

lim, en ook een *sofreh* en soms, als het meezit, een stuk of drie, vier perfecte kleden uit Isfahan of Nain die altijd stijlvol en peperduur zijn, voor het geval de een of andere klant er met alle geweld een wil. Hij is zo verrukt van tapijten dat hij regelmatig probeert om in zijn projecten perzen te gebruiken. Hij vertelt dat zijn klanten vooral van tapijten houden die door nomaden zijn gemaakt en drukt me op het hart dat er in Japan voor dit soort kleden een markt is, omdat ze heel fraai zijn en ook nog eens veel goedkoper dan andere tapijten.

'Vooral jongeren kopen liever deze; hun ingewikkelde labyrinten van de kleur aubergine doen hen denken aan de verhalen van duizend-en-een-nacht, en of ik het geloof of niet, in Japan kennen ze die verhalen ook. In een appartement waarvan de muren volkomen wit zijn en waarin de weinige meubels die er staan, zachte kleuren hebben en alles indirect verlicht wordt, is het effect dat een zaboltapijt met wijnrode en auberginepaarse tinten sorteert ongelooflijk prettig. Maar weet wel dat ik niet met zomaar iets moet aankomen, want Japanners zijn mensen met een gebruiksaanwijzing. Als ik daar iets wil verkopen, dan kan ik ze hier niet met karrenvrachten inslaan; ik moet ze nauwkeurig uitzoeken, stukken met bepaalde kleuren en ontwerpen selecteren, en ze moeten in uitstekende staat verkeren ook al zijn het antieke tapijten.'

'Zaboltapijten komen uit Baluchestan dat in het zuidoosten van Iran ligt en ze onderscheiden zich door hun aubergine kleur die altijd duidelijk aanwezig is,' licht Reza toe, die geen moment onbenut laat om mij tekst en uitleg te geven, en hij voegt eraan toe dat deze kleden nog niet zo lang geleden nauwelijks gewaardeerd werden omdat ze nogal donker zijn. Ondertussen converseert meneer Ishimura aan de hand van buigingen met Haji Baba die zonder uit zijn stoel te komen, hem antwoordt met een hand op zijn borst alsof hij hem volledig begrijpt. Plotseling kijkt de eerbiedwaardige, oude man me met een vergenoegde blik aan en zegt:

'U ziet er heel anders uit dan anders; deze hoofddoek staat u veel beter.'

Op dat moment besef ik dat je moet weten welke hoofddoek je moet kiezen als je indruk wilt maken. De doek die ik draag, heb ik van Maryam gekregen. Zij heeft de stille taak op zich genomen om mijn imago te verbeteren. Het is een ivoorwitte hoofddoek met een brede rand van grove kant van dezelfde kleur en het is het typische cadeau dat uit Mekka wordt meegebracht door bedevaartgangers, authentieker kan bijna niet. Aanvankelijk dacht ik dat het niet uitmaakte wat voor hoofddoek je om had en dat als ik een zwarte lange jas aantrok die tot mijn enkels reikte, alles was opgelost, maar ik zie dat in de loop der jaren de geboden van de Islamitische Republiek een nieuwe mode hebben gecreëerd, en dat niet alle overjassen en *rupush* hetzelfde zijn, dus ik kan me maar beter verdiepen in wat nu in zwang is. Ik besef zelfs dat het voor een familie die mij te logeren heeft, ook belangrijk is dat hun gast er elegant bijloopt. Al begrijpt iedereen dat een buitenlandse zomaar een kledingstuk aantrekt om maar aan de islamitische wet te voldoen, ze stellen het toch zeer op prijs als zij toch een paar speciale en elegante details die hun vrouwen mooi staan, aan haar kleding weet aan te brengen: ik ben niet langer de toerist die in het huis van de buren verblijft, maar de schrijfster die gekomen is om een tijdje in Iran door te brengen. Daarom besloot ik een paar dagen geleden mijn imago te verbeteren en ging ik met Maryam winkelen. Het doel: een zomerjas. Deze keer gingen we in plaats van naar de bazaar, naar de Chahar Bagh Boulevard, een van de drukst bezochte van de stad, waar het in het gedeelte vlakbij de Si-o-Se Brug wemelt van de winkelcentra. Het zijn niet de chique en dure winkels die zijn gevestigd aan de avenues aan de andere kant van de rivier, maar moderne zaken die kledingstukken van een redelijke kwaliteit verkopen. Als Maryam merkt dat ik verbaasd sta te kijken naar de Amerikaanse merken van sportschoenen, overhemden, baseballpetten en ook van de cosmetische producten die liggen uitgestald in de etalages, vertelt ze dat een groot deel van de koopwaar die hier wordt verkocht, uit Kish komt, een eiland in de Perzische Golf, vlakbij de ingang van de Straat van Hormuz, en een vrijhaven waar Iraniërs, vooral Iraanse vrouwen, hun inkopen doen en op die manier het Amerikaanse embargo omzeilen. 'Er zijn mensen die er een sport van maken om de dingen die ze daar inkopen, hier te verkopen,' voegt Maryam toe.

In de druk bezochte winkels van Chahar Bagh is er van alles te koop, echte en namaakspullen, en de meeste producten zijn betaalbaar.

We gaan verschillende kledingzaken binnen, maar ik vind alle jassen verschrikkelijk lelijk. De stof is van een slechte kwaliteit en de modellen zijn zo vormeloos dat ik ze niet eens wil passen: ik zie echter dat Maryam een flatteuze draagt en de andere die ze thuis heeft zijn ook mooi. Bovendien heb ik de afgelopen dagen goed gekeken naar de verschillende modellen die de vrouwen op straat aanhebben en ik heb een aantal gezien die ik mooi vind, zonder frutsels of met sobere details. Die van Maryam bijvoorbeeld is van crêpe. Hij valt mooi en heeft een perfecte snit; ter versiering heeft hij onder aan de mouwen en in het onderste stuk van de naden aan de achterkant een paar vouwen in de vorm van een perfect gestreken plooi die aan de binnenkant een rij zwarte knopen verbergt die opglimmen als ze loopt. We gaan dus naar de winkel waar zij meestal haar kleren koopt. De jassen daar zijn iets duurder dan die we tot nu toe hebben gezien, maar ook veel beter van kwaliteit en het is de moeite waard om er een te kopen, omdat ze sowieso hier veel goedkoper blijken te zijn dan in Spanje. Voorlopig blijf ik hier nog wel een paar weken, en zoals het ernaar uitziet, ben ik voorbestemd om altijd naar Iran terug te keren. Dus eenmaal in de winkel begin ik zwarte jassen te passen. Ze verkopen ze ook in andere kleuren, bruin, grijs, donkerrood, zelfs witte, maar de meeste zijn zwart en ik heb er liever een in die kleur omdat hij dan ook van pas kan komen voor bepaalde gelegenheden in andere landen. Maryam, de verkoopster en ik moeten elke keer lachen als ik een modelletje pas. Aangezien het deftige modellen zijn, hebben de meeste enorme versieringen, revers met opzichtige, geborduurde bloemen, grof ajourwerk en overdreven sierbanden. Als ik ze aanheb, voel ik me alsof ik naar een verkleedpartij ga en ik doe mijn uiterste best om een discreter model te vinden. Uiteindelijk zie ik iets dat enigszins aan mijn smaak zou kunnen voldoen, een rij licht getailleerde jassen met rechte slippen, elk op een hangertje, met kleine revers en zonder tierelantijntjes, het typische lange jacquet dat bijna tot op de knieen hangt. Bovendien, denk ik meteen, is zo'n kledingstuk ook handig als ik weer naar huis ga.

'Die zijn niet geschikt voor u, *khanum*,' zegt de verkoopster terwijl ze hartelijk moet lachen. 'Dat is de laatste mode voor jonge meisjes; een oudere dame zoals u zou nooit zo'n jas dragen in Iran.'

Nou dat weer, de leeftijd begint nu al op te spelen, maar na enig gemor leg ik me erbij neer.

Ik sta op het punt om het op te geven, en in mezelf denk ik al dat ik gewoon in mijn katoenen overjas blijf lopen, als ze me een nieuw model laten zien. Ik pas hem in de wetenschap dat dit mijn laatste kans is. De hele middag gaan we al van de ene naar de andere zaak, bovendien wordt het al donker en heb ik alle moed al opgegeven. Ik vind het model mooi, hij is een beetje getailleerd en ik lijk er niet dik in; maar er loopt een bies langs de randen, de mouwen, de onderkant en de voorkant... Het is weliswaar een heel smalle bies, smaller kun je je bijna niet voorstellen, maar daardoor rimpelt de stof wel! Hij heeft geen revers, maar een ronde hals en de sluiting is gemaakt met kleine haakjes, behalve bovenaan, waar de kraag zit die wordt vastgeknoopt met twee koordjes waaraan pompons van zwart passement zitten. 'Hij is wel iets te kort,' zeggen Maryam en de verkoopster als ze zien dat mijn enkels zichtbaar zijn. 'Deze neem ik,' besluit ik meteen. Ik zal hem van de winter helaas niet kunnen aantrekken in Barcelona, maar ik troost me met de gedachte dat die zilverkleurige bies hem Iraans maakt. En ik vind het juist fijn dat hij iets korter is, want daardoor lijk ik moderner en niet te vergeten jonger. Bovendien met mijn ivoorwitte hoofddoek die is afgezet met kantwerk en die uit Mekka komt, zal niemand denken dat ik buitenlandse ben. 'U zou een lange broek moeten dragen of een donkere panty van veel dernier, *khanum*, maar aangezien u buitenlandse bent, kunt u het rustig hebben dat hij iets te kort is,' merkt het winkelmeisje op.

Of ik het leuk vind of niet, je enkels laten zien in Iran in de lente van 2001 druist nog steeds tegen de wet in. Ik besef dat ik nog steeds de situatie van het land niet helemaal begrijp. Op het eerste gezicht lijkt de samenleving op weg te zijn naar een liberalisering, en er zijn inderdaad veel dingen veranderd sinds de tijd van de revolutie; het verschil met twee jaar geleden is duidelijk merkbaar: tegenwoordig lopen stelletjes hand in hand en dragen de meisjes getailleerde pandjesjassen die boven de enkels vallen, ze laten hun prachtige pony's zien en zijn heel leuk om te zien. Maar de opmerking van mijn vriendinnen over de enkels baart me zorgen. Zal Isfahan de meest traditionele stad zijn? Gebeurt er in alle provinciesteden hetzelfde? Ik denk dat de druk om je zedelijk te gedragen in openbare ruimtes vandaag de dag in het Iran van Khatami nog steeds groot is en alles wat voorbij de grens van het toelaatbare probeert te gaan, kan op zijn minst een terechtwijzing verwachten van degenen die de orde moeten handhaven en de zedelijkheid moeten bewaken, *pasdaran*, *Basiji's* en politie. Elke vooruitgang in die zin is het resultaat van de tegendruk die de Iraanse jongeren blijven geven tegen de meest conservatieve sector van de regering. En de strijd wordt stapje voor stapje, heel langzaam gewonnen.

Ik verlaat de winkel met mijn nieuwe jas aan en mijn oude overjas in een tas. Ik voel me goed. We kopen een ijsje bij een ijskraampje op straat en we eten het op bij de Si-o-Se Brug, de brug met de drieëndertig bogen van twee verdiepingen, waaronder dit jaar geen druppel water stroomt. De nissen die de bogen vormen van de bovenste verdieping, zijn plaatsen waar je mensen ontmoet of langsloopt, net als de terrassen met hun tafels of de lokalen van de theehuizen. De brug biedt een van de meest bekoorlijke bezienswaardigheden van de stad. Vanaf hier kun je zien hoe het water van de rivier de Zayande Rud stroomt tussen grasvelden die vol lommerrijke bomen staan. Ze zeggen dat ze dit jaar vanwege de droogte de rivier, die loopt vanaf het stuwmeer vlak voor Isfahan, hebben omgelegd om ervoor te zorgen dat de stad van Yazd water krijgt. We kijken toe hoe een paar jochies aan het voetballen zijn in de droge rivierbedding en hoe hele families hem in beide richtingen oversteken. Op de Si-o-Se Brug en op de Khaju Brug hebben mijn man en ik onvergetelijke momenten beleefd, terwijl we bij het vallen van de avond keken naar het komen en gaan van mensen als de rivier purperkleurig was en de voorbijgangers verrukt bleven staan om dat te aanschouwen. Mensen van alle leeftijden en beide seksen, gezeten op de buitentrappen, een aantal met hun voeten in het water, vertoefden daar een tijdje om een luchtje te scheppen en te kletsen. 's Nachts bleef het er druk tot in de vroege uurtjes. Zonder water lijkt de brug een gestrande boot en de mensen lopen verdwaald rond, zonder te weten waar ze naar moeten kijken. De groene randen van de rivieroevers vullen zich met families die de *sofreh* uitleggen en die alles klaar zetten om te eten of om er een paar uur gezellig bij elkaar te zitten. Mannen, vrouwen met een omgeslagen chador en kinderen praten, lachen en spelen terwijl het eten wordt klaargemaakt. Ze brengen dekens, pannen, een kookpit met gasfles en een samowar met theepot mee, en gezeten op hun kleden met hun schoenen natuurlijk uit, eten ze. Daarna doet iedereen waar hij zin in heeft, sommigen gaan slapen, anderen doen een balspel, vertellen anekdotes over de populaire en excentrieke mullah Nasrudin die veel hilariteit opwekt, of declameren Hafez, een dichter die de harten week maakt. Maryam vertelt me over het eiland Kish dat vlakbij de Straat van Hormuz ligt. Dit stukje grond van slechts negentig vierkante kilometer staat vol hotels, restaurants en vooral moderne winkelcentra die vanuit de hotels gemakkelijk bereikbaar zijn dankzij een perfect opgezet busnet. Mijn vriendin is er een keer met haar familie geweest, haar man, kinderen en grootouders, binnenlandse vluchten zijn nu eenmaal heel goedkoop; het is een plek om het weekend door te brengen, legt ze uit, waar Iraniërs heen gaan om even van omgeving te veranderen en zich volledig over te geven aan het consumeren op de westerse manier. Zowel Iraniërs als de buitenlanders die in het land wonen, veel van hen werken voor de ambassades, gaan erheen omdat Kish ook een paar prachtige stranden heeft en bepaalde stukken zijn gemengd, daar mogen mannen en vrouwen komen, hoewel alleen de buitenlanders daarheen kunnen gaan. De Iraanse mannen baden zich zonder problemen in de zee voor de hotels en er zijn speciale stranden die gereserveerd zijn voor de vrouwen waarvoor je moet betalen en die zijn afgezet met omheiningen om te voorkomen dat mannen er gaan staan gluren. Op deze damesstranden doen vrouwen waar ze zin in hebben: ze dragen minuscule bikini's en sommigen gaan zelfs topless. Soms willen ze aan de vrouwenwereld die vol afgunst is, de wonderen laten zien die zijn bereikt dankzij het mes van een plastisch chirurg in Teheran. De meerderheid van de Iraanse vrouwen gaat niet naar het strand en is er zelfs nog nooit geweest; Maryam zegt dat ze geen zin heeft om te liggen puffen op het strand en om nat te worden in dat koude water, hoewel ik denk dat er andere redenen zijn die zwaarder tellen, zoals het feit dat ze het niet gewend is en dat ze nog nooit de zon op haar naakte huid heeft gevoeld, ook al is dat op een afgezet terrein. Bovendien word je bruin in de zon en dat vinden ze niet mooi, het schoonheidsideaal is een vrouw die *sefid* is, zo blank als Chinees porselein. Ik herinner me een strand voor vrouwen aan de Kaspische Zee, vlakbij Bandar-e Ansali, dat ook omheind was en waar gordijnen een paar meter de zee inliepen. Men ging ervan uit dat de zwemsters niet voorbij die gordijnen konden gaan, maar ze overschreden de regels toch, omdat het water daar zo ondiep was, dat als vrouwen onder water wilden gaan, of een stukje wilden zwemmen, ze weg moesten bij de kant. Een paar strandwachten in badpak bliezen elke keer op hun fluitje als iemand te ver de zee inging en het gefluit hield maar niet op. Vriendinnen uit Zaragoza die naar een van die stranden waren geweest, maakten het grapje dat strandwacht de ideale baan was voor een vrouw in Iran, je kon de hele dag in je badpak lopen, over het strand rennen, af en toe een beetje pootjebaden en de hele tijd met een fluitje spelen.

Dit soort anekdotes, die altijd grappig blijven voor toeristen, kunnen vernederend zijn voor een bevolking die zich voortdurend betutteld voelt. Tijdens een bijeenkomst van bevriende doktoren en hun vrouwen in het huis van een van hen, krijg ik de kans om te praten over de Iraanse jeugd met een student medicijnen aan de Universiteit van Isfahan. De zoon des huizes die Engels praat, hoewel hij nog nooit uit Iran is geweest, zit in het laatste jaar van zijn studie. Hij laat me zijn kamer zien die gedomineerd wordt door een computer, en ik schrijf zijn e-mailadres op. Ik vraag of hij bidt en of hij gelooft en hij antwoordt nee, maar voegt eraan toe dat zijn ouders wel bidden. Terwijl de ouderen met elkaar praten, gezeten in prachtige zitmeubels in de kamer, vertelt de jongen dat de jeugd het zat is een regering te dulden die hun leven tot in de kleinste details wil regelen.

'Ze behandelen ons alsof we nog klein zijn; eigenlijk behandelen ze de hele Iraanse samenleving alsof het kinderen zijn en geen volwassenen.'

'Toch niet alle jongeren zullen dat zo beu zijn,' opper ik.

'Bijna allemaal,' antwoordt hij. 'Tegenwoordig is de Iraanse jeugd veel homogener dan in de tijd dat mijn ouders studeerden. Toen konden alleen jongeren met een bepaalde sociale status naar de universiteit. Dat is nu veranderd; ten eerste omdat bijna alle Iraniërs naar school zijn geweest, zowel jongens als meisjes, en ten tweede omdat als gevolg van de oorlog tussen Iran en Irak de familieleden van martelaren die bijna altijd uit arme gezinnen kwamen, een voorkeursbehandeling kregen en eerder werden toegelaten op de universiteiten dan anderen. Er zijn nu eenmaal meer kandidaten dan beschikbare plaatsen.'

'Maar deze instroom van studenten, jongens en meisjes, van eenvoudige komaf zou kunnen leiden tot een radicalisering van alle studenten naar links of naar het fundamentalisme,' beredeneer ik.

'Dat is dus niet het geval,' antwoordt hij, 'juist het tegendeel; wat er gebeurt, is dat al die studiegenoten heel snel meegaan in het materialisme. Ze vinden ook Nike sportschoenen mooi, weet je, en aangezien het in het huidige Iran moeilijk is om aan consumptiegoederen te komen, zijn ze allemaal ontevreden.'

'In de tijd van mijn ouders,' onderbreekt zijn zus die in het laatste jaar van de middelbare school zit en die zich in het gesprek mengt, 'waren studenten een stelletje idealisten. Ze zagen dat de wereld om hen heen onrechtvaardig was en ze dachten dat ze die wel konden veranderen; daarom begonnen zij aan de revolutie. Ze dachten echt dat ze die wereld waarin een kleine bovenlaag pronkte met hun rijkdom, konden veranderen in een andere waarin een paar het met minder moesten doen dan voorheen en de rest het beter dan eerst zou krijgen. Maar dat is nu veranderd; we zijn gedesillusioneerd.'

*Hier kom ik triomfantelijk uit het toilet van een theehuis dat verloren lag
in de bergen op weg naar Ardebil. (© Antoni Alsina)*

Een prachtig bas-reliëf uit Persepolis dat bewaard wordt in het Archeologisch Museum in Teheran. Het is 2500 jaar geleden uitgebeiteld.

Een pauze onderweg met mijn nonnenkapje, de maqnaeh.
(© Antoni Alsina)

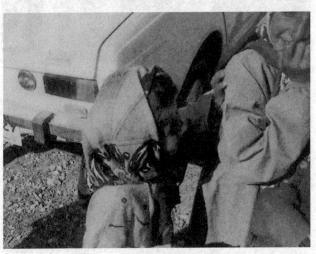

Meisjes van een Bakhtiyari-nomadenstam klaar om naar school te gaan.
Achter hen de Peykan van Ali's vader.

Een straatbeeld van Isfahan. (© Antoni Alsina)

De Khaju Brug in Isfahan.

Met de pasgetrouwde Bakhtiyari, de arus, in het nomadenkamp waar we mochten logeren.

Gezeten naast de poort van de Imammoskee schrijf ik ansichtkaarten.
(© Antoni Alsina)

*Meisjes die verse amandelen kopen bij de uitgang van
een school in Teheran. (© Toni Catany)*

Kruidenwinkel op de bazaar van Isfahan.
(© Antoni Alsina)

Klaar om de bazar-e rus, de bazaar van de Russen, in Astara, in het noorden van Iran, in te gaan. (© Antoni Alsina)

In deze winkel verkopen ze werkelijk van alles...
(© Antoni Alsina)

Een meisje dat een kleed knoopt, terwijl haar broertjes en zusjes rond het weefgetouw spelen.

Masule, een mooi dorp dat verscholen ligt op steile terrasvormige bergflanken, waarvan de platte leien daken van de huizen gebruikt worden als paden en als terrassen voor de theehuizen.

Met een vriendin in de grot van Ali Baba.

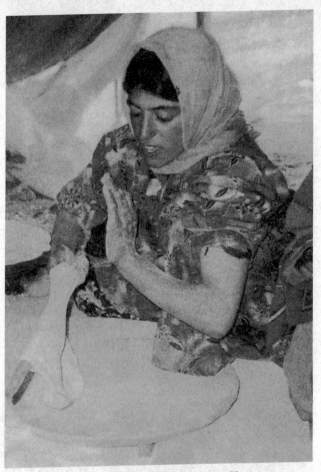

Een jonge Bakhtiyari bezig met het brooddeeg.

Onder het waakzame oog van Khomeini en Khamenei wacht de man van een wegrestaurant met een telraam op z'n tafel op z'n klanten.
(© Toni Catany)

Hier zit ik bij een gezellige bijeenkomst van een groepje vrouwen op de begraafplaats van Isfahan. Op de achtergrond foto's van de martelaren van de oorlog tussen Iran en Irak.

Een Armeense winkel in de wijk Jolfa in Isfahan. (© Toni Catany)

Wegrestaurant. (© Toni Catany)

Schitterende tegels...

112

'De geestelijken hebben zich verrijkt, en alles wordt opgelost met gunsten. Als je niet meegaat met de stroom, zul je geen succes hebben, ook al ben je goed in je vak. Er is geen transparantie en alles is afhankelijk van hoezeer de ambtenaar die het op dat moment te vertellen heeft, je mag, en dus ook van hoe goed je je rol weet te spelen,' voegt de jongen toe.

Het verbaast me dat ze de situatie van hun land zo onder woorden brengen en dat zeg ik ook tegen ze.

'Dat komt omdat ze op scholen en universiteiten veel hierover discussiëren; er worden tijdschriften uitgegeven die de autoriteiten verbieden en de volgende dag verschijnen ze onder een andere naam, en daarin wordt over van alles gesproken; u zou versteld staan als u zag wat er gepubliceerd wordt. Het is een land van gekken, een en al tegenstellingen.'

Ik vraag of ze ook feesten organiseren waar jongens en meisjes samenkomen, zo eentje als ik een paar dagen geleden in Teheran ontdekte. Ze antwoorden ontkennend. Hun ouders zouden zoiets nooit accepteren omdat het allerlei problemen zou kunnen veroorzaken en hun vrienden doen het evenmin. Hoe vermaken ze zich dan?

'Bij gebrek aan beter stort ik me volledig op mijn studie,' zegt de jongen, 'en ik surf ook veel op het internet; bovendien heb ik vrienden gemaakt met wie ik communiceer via e-mails. Ik hou ook van voetbal en dat is in Iran de oplossing voor veel problemen. Je gaat gewoon voor de buis hangen, ze zenden zelfs wedstrijden uit van de derde divisie in Nicaragua. Voorheen kon je alleen religieuze preken zien; nu heb je op elk uur van de dag voetbalwedstrijden, en dat is natuurlijk ook een teken van liberalisering.'

Zijn toon is sarcastisch en ontgoocheld. Het meisje lijkt daarentegen vrolijker. Zij spreekt met vriendinnen af bij iemand thuis en kijken naar buitenlandse televisiezenders die ze dankzij de schotelantenne kunnen ontvangen.

'Op wie zouden jullie stemmen?' vraag ik, omdat er

binnenkort presidentsverkiezingen zijn, en in Iran is iedereen sinds de kieswet van 1984 stemgerechtigd vanaf zijn vijftiende zolang hij maar een geldig legitimatiebewijs kan overhandigen. Mannen en vrouwen hebben allebei stemrecht.

'Als Khatami, de huidige hervormingsgezinde president die zijn kandidatuur nog niet heeft bevestigd, zich kandidaat stelt, dan stemmen we op hem, natuurlijk. Er zijn mensen die campagne voeren om niet te stemmen, omdat ze van mening zijn dat Khatami aan handen en voeten is gebonden, en het volk moet op de een of andere manier laten merken dat ze het beu zijn om deze situatie te verdragen. Maar ik denk dat je geen achteruitgang moet riskeren en dat het beter is om vooruit te gaan, ook al gaat dat heel langzaam,' zegt de toekomstige dokter.

Op het laatste moment komt nog een andere vriend van de familie langs; hij is psychiater en hij heeft tot tien uur 'savonds in zijn praktijk gewerkt. Iedereen schijnt te weten dat hij altijd laat komt, omdat hij veel patiënten te behandelen heeft. Ik vind het interessant om te weten wat voor soort patiënten hij heeft en wat de problemen zijn die hij hoofdzakelijk tegenkomt.

'Bijna al mijn patiënten zijn vrouwen en de meerderheid komt naar mijn praktijk met ernstige verschijnselen van depressie. Vooral jonge meisjes. Er zijn meer gevallen van zelfmoord onder jongeren in Isfahan dan in de rest van het land en we zijn bezig een serieus onderzoek naar dit probleem af te sluiten. Er zijn meer meisjes dan jongens die een zelfmoordpoging plegen, maar de jongens slagen er vaker in; alsof ze vastbeslotener zijn om te sterven.'

Hij voegt eraan toe dat de samenleving in Isfahan geslotener is en minder tolerant dan die in Teheran. Ik vraag of de mannen in Iran geen psychische klachten hebben en hij antwoordt dat als een man naar de praktijk van een psychiater gaat, er echt iets mis is met hem omdat een Iraanse man meestal niet onderkent dat hij dit soort problemen heeft. Ze komen alleen op consult in het geval van een delirium of extreme gewelddadigheid.

Op de terugweg naar huis is het al nacht en we rijden langs de parken die liggen aan de oevers van de rivier. Er zijn veel mensen aan het wandelen of ze zitten in het gras, het is dan ook heerlijk weer. Op een open plek tussen de bomen ligt een skatebaan omgeven door banken. Het wemelt er van de jongeren op skates, de jongens met hun haar glanzend van het vet en de meisjes met een dunne hoofddoek waaronder hun pony zichtbaar is. De lantaarnpalen van het park verlichten nu en dan hun gezichten afhankelijk van hoe de takken van de bomen in de wind bewegen. Op de banken zitten jongens en meisjes dicht naast elkaar en er is geen plekje vrij. Degenen met wie ik meerijd, zeggen dat als de politie nu zou komen, iedereen rechtop zou gaan staan alsof ze een veer in hun benen zouden hebben en ... zou gaan skaten.

Aan de andere kant van de straat staat een rij bussen te wachten. Een menigte staat zich er omheen te verdringen. Dat zijn de bedevaartgangers naar Najaf, een heilige sjiitische plek in Irak, opnieuw toegankelijk voor de Iraniërs nadat het een paar jaar verboden was om er heen te gaan vanwege de oorlog, of naar Mashhad in het noordoosten van Iran. Familieleden zijn meegekomen om ze uit te zwaaien. Dit is het toerisme met een religieus karakter dat in zwang is in het Iran van de Islamitische Republiek: groepen vrienden gaan samen op reis naar heilige plaatsen en maken van de gelegenheid gebruik om inkopen te doen terwijl ze tegelijkertijd aan hun religieuze plicht voldoen.

Na een paar dagen ga ik weer op visite in het huis van Bijan, de jongen van de bazaar die getrouwd is met Zohreh en vader is van een baby die me aan het begin van mijn verblijf in Isfahan had uitgenodigd voor het eten. Het is donderdagavond en we willen naar een zender op de televisie kijken die je alleen via de schotel, die ze hier *dish* noemen, kunt ontvangen. Maar er is iets mis en daarom maakt Bijan aanstalten het dak op te gaan om te kijken of hij er iets aan kan doen. Ik denk dat dat het juiste moment is om met hem mee te gaan zodat ik vanaf het dak kan genieten van de hemel boven Isfahan en het uitzicht over de stad die ik me voorstel als een tapijt vol lichtjes.

'Dat is onmogelijk, *khanume* Ana,' flapt Bijan eruit. 'Ik ben zelf helemaal in het zwart gekleed voor deze onderneming. Ik moet er niet aan denken dat ze me vanuit een huis van de buren zouden zien lopen op het dak en dat ze zo te weten zouden komen dat wij een *dish* hebben.'

De situatie lijkt me erg overtrokken en ik denk dat hij zoals wel vaker overdrijft, want iedereen in Iran die het geld ervoor heeft, schaft zo'n ding aan, maar ik leg me erbij neer dat ik in het appartement moet blijven zonder me te verzetten. Als het probleem met de schotelantenne eenmaal is opgelost, vermaken we ons met een film die door een Turkse zender wordt uitgezonden; het is de grap om met zijn allen proberen te achterhalen waar de film over gaat aangezien niemand van ons Turks begrijpt. De Turkse zenders hebben veel succes in Iran omdat ze veel films bieden, maar terwijl de Iraniërs in Azerbeidzjan, in het noordwesten, Turks verstaan en praten, interpreteert de rest van de bevolking er vrijelijk op los. Zonder dat ik het besef, zit ik met mijn rug naar Zohreh, de vrouw van Bijan, en ik verontschuldig me.

'*Gol posht-o-ru nadare*, een bloem heeft geen voorkant of geen achterkant,' reageert ze.

Verleid door zulke poëtische beleefdheidsfrases ga ik lekker op het tapijt zitten met een kussen als ruggensteun. Later komen de vader van Bijan en zijn broers langs om kennis te maken en we sluiten de avond af met een gesprek over de aanstaande verkiezingen die over een paar weken worden gehouden. Iedereen is verontrust, want Khatami heeft nog steeds niet bevestigd of hij verkiesbaar is. Bijan is iemand van de bazaar en zijn toekomst hangt af van de traditionele bazaar, maar hij is nog jong, heeft een *dish*, koopt cd's met moderne muziek en films op dvd op de zwarte markt en hij is daarom ook een aanhanger van Khatami, de enige hoop.

Ali, een van Bijans broers die leraar is en tijdelijk lesgeeft in de provincie van Chahar Mahal-va Bakhtiyari in het Zagrosgebergte, een bergketen die van het zuidoosten naar het noordwesten in Iran loopt, vertelt over de Bakhtiyari-nomaden. Ik loop al een tijdje met het idee om naar dat gebied te gaan om te zien hoe ze daar tapijten knopen, en we spreken af om er de week daarop heen te reizen als hij een paar dagen vrij heeft omdat het dan feest is.

Ali is vijfentwintig, is getrouwd en heeft geen kinderen. Vandaag is hij zonder zijn vrouw gekomen. Ik vraag of zijn vrouw werkt en hij zegt nee en daarom opper ik of zij met ons mee zou willen reizen. Ik stel hem dat voor, omdat ik denk dat ik me meer op mijn gemak voel, en hij ook, als zijn vrouw met ons meegaat. Ik vind het niet erg om met een jongeman te reizen, hij zou mijn zoon kunnen zijn, maar ik neem aan dat het voor hem fantastisch zou zijn om even uit de sleur te ontsnappen met zijn vrouw, vooral omdat ze nog niet zo lang geleden getrouwd zijn. Ik ga ervan uit dat hij onmiddellijk ja zegt, maar dat is niet het geval en zijn antwoord verbaast me:

'Ik moet het haar eerst vragen; als ze ja zegt, dan zal ik dat heel leuk vinden. U hoort wel of ze meegaat.'

Aangezien de volgende dag de kinderen van een paar vrienden uit Barcelona in Isfahan aankomen, denk ik dat het voor beide stellen leuk is om elkaar te leren kennen, en daarom regel ik een afspraak voor ze. Zohreh en Bijan worden meteen vrienden met José en Diana en gedurende de vijf dagen dat het stel uit Barcelona in Isfahan is, zien ze elkaar verschillende keren. Tijdens een van die dagen, wanneer ik verstrooid zwerf door de steegjes achter de bazaar waar de opge-

droogde, afgebladderde en door de zon aangetaste muren beginnen die zo donker zijn als de bek van een wolf 's nachts, zie
ik drie personen op een scooter voorbij rijden die me vrolijk
groeten: het zijn Bijan, Diana en José. Diana zit in het
midden. Het tafereel is verrassend, niet omdat er drie mensen
op een brommer zitten, in Iran zie je vaak genoeg een hele familie met vader, moeder in de chador gewikkeld en twee of
drie kinderen door de straten rijden op dit soort tweewielers,
maar omdat er een meisje tussen twee mannen in zit, en ik
schrijf het toe aan de nieuwe wind van het tijdperk van Khatami. De volgende dag blijkt echter dat ik te vroeg heb ge-
juicht. Diana komt bijna huilend en met de schrik te pakken
naar me toe. De vorige avond toen zij bij Bijan thuis waren,
was de buurvrouw die op dezelfde overloop woont, langsgekomen om hen te waarschuwen dat de politie op zoek was
naar een paar jongeren met een motor, want ze hadden het
vermoeden dat er in hun huis een feest werd gegeven. Naar
het schijnt stond het hele huis op stelten. De buren gingen als
de gesmeerde bliksem naar het platte dak. Diana en José die
op de drempel van de deur van het appartement stonden, begrepen niets van al die beroering, tot ze iedereen naar beneden zagen komen met een kleine *dish* onder hun arm. De politie is niet in het huis geweest voor zover mijn vrienden
wisten, omdat ze geen dwangbevel hadden, maar iedereen
was zich wel rot geschrokken.

Zonder iemand iets te zeggen, zelfs niet aan Maryam, ga ik
een stuk wandelen bij de kazerne, of hoe die plek ook mag he-
ten waar de *Basiji's* samenkomen en waar we langs waren gereden toen we bij Bijan hadden gegeten, om te zien of ik toevallig een gesprekje aan kan knopen met een van hen. Op
mijn islamitische klederdracht valt niets aan te merken. Ik
draag dan wel geen chador, mijn hoofddoek uit Mekka is niet
mis te verstaan en komt me in dit soort omstandigheden goed
van pas. Vlakbij de ingang staan drie jongens in camouflage-

pakken en gewapend tegen een muur geleund; binnen hoor ik allerlei stemmen alsof er behoorlijk wat mensen zijn.

'*Bebakhshid agha*, pardon meneer, zou u me kunnen zeggen waar de Felestin Avenue is?'

'U bent geen Iraanse, maar u spreekt wel Perzisch. Waar komt u vandaan?'

'Uit Barcelona, Spanje,' antwoord ik als er zich een groepje om ons heen heeft gevormd.

'Barcelona? Rivaldo,' zegt een ander.

Gered, denk ik.

Vanaf dat moment is het ijs gebroken en kan het niet meer stuk. Ik vertel ze, en dat is echt niet verzonnen, dat toen ik met mijn man – in dit soort situaties is het altijd handig om mijn man te noemen – twee jaar geleden door Iran reisde, we een sportkrant kochten met op de voorpagina een paginagrote foto van Rivaldo die we, eenmaal terug in Barcelona, aan de speler zelf hebben gegeven. Op de zondagen dat hij niet moest spelen, ging hij namelijk altijd met zijn familie eten in een restaurant vlak bij ons huis.

Bij het horen van al dat kabaal komt een al wat oudere commandant, zo een die de oorlog heeft overleefd, naar buiten om te kijken wat er aan de hand is. Ze vertellen hem dat deze *khanum* uit Barcelona, Spanje, komt en Rivaldo kent. De commandant neemt meteen het gesprek over en hij laat me weten dat er veel veranderd is de laatste jaren: de *Basiji's* hebben hun macht en respect verloren en niemand denkt meer aan het bloed dat zich over het land verspreidde. Hij lijkt teleurgesteld en triest te zijn.

De organisatie van de *Basiji's* bestaat uit vrijwilligers en werd opgericht na de omverwerping van de sjah om de volkse jeugd in dienst te stellen van de revolutie. 'De *Basiji's* waren slecht getraind en gewapend en soms nog ontzettend jong, ze waren dan ook kanonnenvlees: zij liepen in de voorste linies bij een bestorming op mijnenvelden, en zij waren het doelwit van het geschut van de artillerie of mitrailleurs; achter hen rukten de gewone troepen van het leger of van de *pasdaran* op. Het behoeft geen betoog dat ze van hen een opofferings- gezindheid verwachtten die grensde aan zelfmoorddrang,' aldus de schrijvers van *Iran, de la revolución a la reforma*.

Als je dat in gedachten houdt, dan begrijp je de bittere stemming van de commandant, een man die niet eens de troost van de dood of de overwinning heeft geproefd, nadat hij zoveel afslachtingen heeft meegemaakt. Held noch marte- laar, denk ik bij mezelf, maar slechts een zielig figuur die staat voor een bijna archaïsche functie.

Een paar dagen later groet een jongen zonder uniform me op straat; het is een van de *Basiji's* waarmee ik gesproken heb. Het blijkt een slimme, charmante jongen te zijn.

'Waarom heb je je bij de *Basiji's* aangesloten?' vraag ik hem.

'Ik had geen werk en dit leek mij een manier om op de lan- ge termijn aan een officiële aanstelling te komen.'

'En jij, op wie ga jij de komende verkiezingen stemmen?'

'Op Khatami,' antwoordt hij.

'Op Khatami?'

'Ja, als hij erin slaagt om de economie te liberaliseren en in één klap de instanties te laten verdwijnen die door de staat worden gecontroleerd, kan ik misschien werk buiten deze or- ganisatie vinden. Tot voor kort dacht iedereen dat je vanuit de organisatie makkelijk toegang kreeg tot functies van die in- stanties. Maar alles is veranderd; zelfs dat gebeurt niet meer.'

'En je kameraden, op wie denken zij te gaan stemmen?'

'De meesten stemmen natuurlijk niet op Khatami.'

'Zijn de anderen dan niet zoals jij?'

'Er zijn er genoeg die zich net als ik hebben aangesloten uit mismoedigheid, om te zien of ze zo een toekomst hebben, maar over het algemeen zijn *Basiji's* minnaars van de dood en nu er geen oorlog is, voelen ze zich misplaatst...'

Als hij afscheid neemt, belooft hij om mij een keer voor te

stellen aan zijn familie. Ik ben er nog niet helemaal uit of hij nu een cynicus is, iemand met een vooruitziende blik of een uitgekookt type; ik weet wel dat hij een engelengezicht heeft.

7

DE WERKMIEREN

Ali, de broer van Bijan is naar de grot van Ali Baba gekomen om te praten over de dingen die we moeten regelen voor onze reis en hij vertelt me dat zijn vrouw Fatima ook meegaat. Dat vind ik fijn, want ik ben ervan overtuigd dat het leuker wordt als we met zijn drieën reizen. Ali heeft geen auto, maar hij zegt dat zijn vader zijn auto wel aan ons wil lenen; hij zal ook dekens meenemen, omdat we naar een gebied gaan waar het nogal koud kan zijn en bovendien zal hij de auto volladen met watermeloen en andere dingen om te eten. Ik krijg de taak om snoep en lekkers te kopen om uit te delen aan de kinderen die we onderweg tegenkomen. Ik heb er heel veel zin in en denk dat een paar dagen op het platteland me goed zal doen. In de grot maken de jongens geintjes en zeggen tegen Reza dat ze met me meegaan. Ahmad, een van 'Ali Baba's team' vertelt me dat morgen Barcelona uitkomt tegen Liverpool voor de UEFA-cup en dat als we winnen, ik moet trakteren. Vanaf de dag dat ik er ben, zijn ze allemaal supporters van Barça geworden. Aangezien we morgen al op reis gaan, besluit ik als ik toch snoep moet gaan kopen, ik ook wel *shirinis*, een zoete lekkernij, kan kopen om iedereen in de grot van Ali Baba die middag te trakteren. Dus vandaag is het feest.

Altijd als ik op pad ga, vind ik het leuk om even de winkels van die geweldige handwerkslieden binnen te gaan. Een aantal van hen kent me al en biedt me een krukje en thee aan die ik regelmatig accepteer, omdat ik zo een tijdje kan kijken naar hoe ze het koper en zilver bewerken of hoe ze miniaturen in kleine kistjes maken of naamplaatjes van kamelenbot maken. Er zijn eersteklas miniatuurschilders die vogels en bloemen, of zelfs hele dorpen met herders, kuddes, huizen en moskeeën schilderen. Er zijn er ook bij die hun werk afraffelen, omdat er de laatste tijd zoveel toeristen zijn en die willen voor een prikkie het typische plaatje met het plein, de paarden en de ruiters die polo spelen. Als het even kan, stop ik altijd bij het atelier van een vader en zoon die metaal bewerken. In een paar vitrines liggen hun mooiste spullen bewaard, en als ik ze mag geloven, zijn die op internationale kunstbeurzen tentoongesteld. Ook ga ik langs bij de winkel van een verkoper van schoenen die gehaakt zijn met een haaknaald, *guiveh*, die bij de ingang van de bazaar is. De oude man van deze winkel vertelde me dat zijn schoenen gemaakt zijn door de gedetineerden uit de gevangenis van Isfahan. Ik loop in de richting van Chahar Bagh en steek het park door van Hasht Behesht, het Paviljoen van de acht paradijzen, met zijn brede lanen omzoomd door bomen met daaronder in de schaduw, gezeten op het gras, scholieren die hun huiswerk maken, een paar vriendinnen die kletsen en stelletjes die over de liefde praten. Het geluid van het water dat spuit uit een reeks fonteinen doen het getjilp van de putters, *bul bul*, waarvan het in dit park wemelt, verstommen, maar als het gezang van de moeddzin van de *madresse*, de koranschool van de moeder van de sjah, opklinkt, valt alles stil. Het paviljoen van mooie architectuur zonder deuren en ramen, heeft open zijkanten waardoor je erin kunt. Lang geleden was het het zomerpaleis van de koningen en hun families. Tegenover het Abbasi-hotel, het bekendste en chicste hotel in Isfahan, een oude gerestaureerde karavanserai, bezoek ik mijn vriend de fotograaf. Hij heeft een zaak op de eerste verdieping van het winkelcentrum waar het barst van de boekenwinkels. Terwijl ik nog een glaasje thee neem en wat zit te kletsen met hem, kijk ik hoe nauwkeurig hij schildert, hij is namelijk ook nog miniatuurschilder. In de namiddag als de zon begint onder te gaan en de temperatuur daalt, vullen de straten rond de Chahar Bagh Boulevard zich met mensen. Het is mijn bedoeling om naar de banketbakkers in deze straat te gaan om zakken snoep en een paar platen bladerdeeg met honing te kopen.

Als ik terugkom in de grot van Ali Baba, kondig ik het feest aan, een voetbalfeest, en ik stel voor om het bij voorbaat te vieren, want mochten we verliezen, dan blijven we in ieder geval niet met al dat lekkers zitten. Iedereen is het met me eens en de klanten geloven niet wat ze zien. Andere jongens komen gehaast naar de grot, want het nieuws is als een lopend vuurtje door de bazaar gegaan en, omgeven door tapijten, opgesloten in deze grot vol schatten drinken we thee, eten gebak en toosten we met de dampende glazen, '*be salamati*', op uw gezondheid, en dat Barça moge winnen. Overigens hoor ik als ik terugkom uit Chahar Mahal-va Bakhtiari dat we hebben verloren.

'Dit kunnen ze ons niet meer afnemen,' zeg ik en we schateren het allemaal uit als kleine kinderen.

Ali en Fatima komen me 's ochtends vroeg voor het krieken van de dag halen. Fatima is nog een heel jong meisje dat me nauwelijks durft aan te kijken als ze me begroet. Ze draagt een zwarte *rupush* en heeft haar hoofd bedekt met een kapje of *maqnaeh* van dezelfde kleur. Onder haar overkleed is haar spijkerbroek zichtbaar en ze draagt sportschoenen. Ik heb de jas aan die ik nog droeg voor ik mijn chique regenjas had gekocht, en een hoofddoek van zwart katoen met twee strepen langs de rand, een rode en een groene, die ik jaren geleden in de bazaar had gekocht. In de kofferbak van de auto, een oude witte Peykan van Iraanse makelij, liggen dekens en eten. Mijn familie stopt er nog meer proviand bij en we nemen afscheid alsof we op het punt staan om voor lange tijd op reis te gaan, waarbij de vrouwen elkaar uitvoerig kussen en omhelzen. Het is nog donker als we over de avenues rijden. Isfahan slaapt, de winkels zijn gesloten, de straten zijn verlaten, en we zien alleen een man op de stoep lopen die een karretje voortduwt. Ik hoor slechts het geluid van de motor van onze auto die door de straten glijdt, maar dat wordt onderbroken wanneer het altijd aanwezig gezang van de moëddzin doorklinkt die de dag van de stedelingen indeelt. Dit keer is het het signaal dat het begin van een nieuwe dag aankondigt. De stad begint gaandeweg te ontwaken en rekt zich uit. Wij volgen het monotone gezang dat vanuit de ene moskee opklinkt en zich mengt met dat van een andere moskee in de buurt enzovoort. De lucht wordt lichter en het duurt nog een paar uur voor hij die ongelooflijke, intense en schitterende blauwe kleur krijgt die Isfahan ons dagelijks schenkt.

Voorbij de grote staalfabriek van Isfahan, Foolad-e Mobarakeh, nadat we even zijn gestopt om brood te kopen bij een bakker in een dorp, en wanneer we al midden op het platteland zijn, zet Ali de auto langs een oude stenen brug die bekend staat als de Zaman Khan, waaronder de rivier de Zaynde Rud raast, dezelfde die ook door Isfahan stroomt. Een stel soldaten komt een vlakbij gelegen wachthuisje uit om ons te begroeten. Verveeld na een nacht waken, hebben ze zin in een praatje en ze lopen mee naar de oever van de rivier waar een installatie van kranen en rekjes in het midden van een groep bomen staat en ik begrijp dat dit een plek is waar vaker wordt gepicknickt. Aan de andere kant van de weg staat een kleine moskee met een goudgekleurde koepel en daar vlakbij zijn de openbare toiletten waar Fatima en ik ons even terugtrekken. Als we terugkomen bij de oever liggen op een strekdam stukken sappige rode watermeloen die net zijn afgesneden, netjes op een rij, en als gestrande bootjes steken ze stil en vrolijk af tegen de onstuimige stroom van de rivier. Door een straal zonlicht die ze onder de boog van de brug door aan een kant verlicht, werpen ze lange schaduwen. Ali begroet ons tevreden lachend: het ontbijt voor de dames is geserveerd. Tijdens onze afwezigheid heeft hij de *sofreh* uitgespreid op de grond met daarop de thermoskan met thee, de glaasjes, het warme brood, ingepakt in een doek zodat het niet kan afkoelen, en een schaal vol met hagelwitte stukjes verse kaas. Ali nodigt de soldaten uit om mee te eten van het ontbijt, maar de twee mannen verontschuldigen zich met hun hoofd licht gebogen naar een kant, hun ogen flauwtjes samengeknepen en een halve glimlach en de hand op hun borst, en uiten terwijl ze weglopen allerlei obligate beleefdheidsfrases en bedankjes. We gaan rond de *sofreh* zitten en genieten van een paar onvergetelijke momenten. Ali ken ik een beetje en Fatima bijna helemaal niet, maar hun vriendelijkheid verbaast me niet; hoewel ze nog heel jong zijn, hebben ze vanaf dat ze klein zijn deze gevoeligheid en beleefdheid meegekregen die Iraniërs hebben in de omgang en die me fascineert.

Na het ontbijt spoelt Ali de glazen schoon onder de waterstraal van een fontein, pakt het restje brood in de doek, vouwt de *sofreh* op, gooit de schillen van de watermeloen in de prullenbak, legt het bestek en bordjes in een mand, stopt alles in de kofferbak en we vervolgen onze reis naar de bergen. Voortdurend valt mij op hoe attent hij is voor zijn vrouw die heel gedwee en verlegen is, misschien vanwege mijn aanwezigheid. Ik zie ook dat hij alles doet en zij bijna niets.

We zijn al in de provincie van Chahar Mahal-va Bakhtiyari, in het Zagrosgebergte, een van de kleinste bergketens in Iran, in toeristische gidsen omschreven als een nauwelijks interessant en onherbergzaam gebied vanwege de ondoordringbare bergen. Sinds mensenheugenis hebben de bewoners, de Bakhtiyari's, een sociaal en politiek geïsoleerde eenheid gevormd die naar verhouding weinig veranderingen heeft ondergaan. Deze bergachtige streek, met toppen hoger dan vijfduizend meter, moeilijke bergpassen, valleien die doorsneden worden door rivieren en beekjes, en met meren en watervallen, was tijdens de negentiende en begin twintigste eeuw het land van een grote confederatie van Bakhtiyari-stammen waarvan de *kans* steenrijke, machtige en arrogante mannen waren. Zij deelden in de opbrengsten van de olie die gewonnen werd in hun gebieden en zaaiden angst onder de bevolking tijdens overvallen met gewapende bendes.

Ali, die als meester heeft gewerkt in een dorp in dat gebied, vertelt me dat de huidige Bakhtiyari-bevolking bestaat uit een miljoen mensen waarvan een derde nog steeds nomade is. Ze brengen de winters door in de vlakte van Khuzestan en 's zomers verplaatsen ze zich naar de hoogvlakten van Chahar Mahal waar de weiden nog steeds groen zijn. Volgens hem zijn hun migraties indrukwekkend. Mannen, vrouwen en kinderen, met de bijbehorende kudde, moeten passen over-steken van bergen die soms hoger dan drieduizend meter zijn, bergstromen vermijden en lopen door gevaarlijke, be-sneeuwde gebieden, zonder grasweides en blootgesteld aan lawines. De migratie vindt plaats in de lente en duurt meestel vier tot zes weken; maar, preciseert hij, de regering heeft jaren geleden al bruggen gebouwd, wegen verbeterd en toiletten geïnstalleerd om de tocht te vergemakkelijken. 'Je zult zien dat we, zodra we Shahr-e Kord achter ons laten, gezinnen tegen-komen die de bergwegen hebben genomen met hun beladen ezels en kuddes schapen.'

Verdiept in het gesprek heb ik niet opgemerkt dat we om-geven zijn door hoge, besneeuwde bergen, en de sneeuw reikt tot aan de voet van de bergen, tot vlakbij waar wij langsrijden. We rijden door Shahr-e Kord en andere kleine dorpen en ik merk op dat de mannen zwarte broeken dragen met heel wij-de pijpen die niet smaller worden rond de enkels, en dat ze een vilten hoed dragen in de vorm van een ronde koepel die typisch is voor deze streek.

Plotseling beginnen er kuddes de weg over te steken en moeten we de auto stilzetten. Het is indrukwekkend om te zien hoe voor onze neus eerst een paar ezels langskomen die zijn beladen met bundels, verpakt in prachtige wollen stoffen, en gevolgd worden door een paar mannen met wijde broeken, en lange, wollen vesten met witte en zwarte strepen en vilten hoeden, met daarachter de vrouwen en kinderen. Zij in veelkleurige plooirokken met een geborduurd kapje waaruit een dunne sluier van gekleurde zijde komt. De kleinste kinderen zitten op hun schouders of op hun nek. Ze praten niet, zetten hun weg geconcentreerd voort, kijkend naar de grond; het traject is zwaar geweest en ze naderen nu bijna hun bestemming. Daarna moeten ze de bundels uitpakken, hun tenten opzetten, de plek gereed maken en de kuddes melken.

Ons doel is, vertelt Ali me, een familie te zoeken die hij van andere jaren kent. Naarmate we onze reis voortzetten, zien we tenten kriskras verspreid opgezet langs de berghellingen midden in een brede groene vallei waar het wemelt van de bergstroompjes. De indrukwekkende aanwezigheid van de met sneeuw bedekte hoge bergen, maakt dat ik me heel klein voel. Fatima begint een beetje los te komen en mengt zich af en toe in het gesprek. Het ijs was gebroken tussen haar en mij nadat we samen naar de toiletten van het park bij de rivier waren geweest. Het valt me nog steeds op dat Ali haar uiterst tactvol en met veel liefde behandelt. Ze vertelt dat ze nog nooit in dit deel van het land is geweest en dat als ik er niet was geweest, ze er waarschijnlijk ook nooit naar toe zou zijn gereisd, en ze lijkt tevreden te zijn. Ze vertelt ook dat ze een Turkse uit Teheran is en dat haar familie afkomstig is uit Azerbeidzjan en dat ze Turks spreken. Ali daarentegen komt uit Isfahan. Ik vraag hoe ze elkaar hebben leren kennen en Ali vertelt, terwijl zij bedeesd zit te lachen, dat nadat hij zijn studie had afgerond, hij een jaar heeft lesgegeven in een gebied waar Bakhtiyari's wonen en dat hij daarna besloot om naar Teheran te gaan om daar werk te zoeken. Eenmaal daar kwam hij op een kantoor terecht waar de baas op hem gesteld raakte en hem thuis uitnodigde. De uitnodigingen volgden elkaar op tot hij met een van de dochters, Fatima, trouwde. Dan moet ik denken aan zijn broer Bijan die de beschermeling is van de eigenaars van een groothandel op de bazaar en die dankzij hun hulp een goed leven heeft, en ik concludeer dat er in Iran nog steeds dingen gebeuren die misschien in ons land in de tijd van onze vaders of opa's plaatsvonden: de leerling trouwde met de dochter van de fabrikant omdat deze hem van jongs af kende, hem elke dag zag werken en wist wat voor vlees hij in de kuip had, en na een tijdje was hij tot de conclusie gekomen dat die jongen een harde werker was en dat hij de geschikte kandidaat zou zijn voor een huwelijk met zijn dochter. De twee vertellen me dat toen ze de kans hadden gekregen om elkaar tijdens die bezoekjes te zien, ze elkaar hadden aangekeken en elkaar leuk hadden gevonden. Hij maakte zich verdienstelijk, omdat hij verliefd was geworden, en op een dag wierp dat zijn vruchten af. Nu is het een jaar geleden dat ze getrouwd zijn. Ze hebben nog geen kinderen omdat ze wachten tot Ali een vaste aanstelling als meester in Isfahan heeft gevonden. Fatima werkt niet.

Ali lijkt zich het gebied waar zijn kennissen meestal neerstrijken, perfect te herinneren, want plotseling, als we al een tijdje over bijwegen hebben gereden die door bergen worden omringd, slaat hij links een weg vol stenen in die omhoog voert. Op de helling staan tenten, grijs, meters uit elkaar, en heel soms drie of vier bij elkaar, nooit meer. Na een paar minuten stoppen we vlakbij een beekje dat langs grote stenen uit de bergen komt en we stappen uit. We volgen Ali, steken met een sprong de loop van het water over, en aan de andere kant word ik verrast door een van de beelden die op mij het meest indruk hebben gemaakt tijdens deze reis: hier, waar in geen velden of wegen een dorp te bekennen valt, staat een school voor nomadenkinderen.

Op een hellend en ruig terrein, onder een strakblauwe hemel, op een plek waar de lucht net zo transparant als kristal is, luisteren zeventien jongens en meisjes tussen de zeven en elf jaar, gezeten op de grond, naar de meester. Het is een school zonder dak of tapijt, met alleen een zwarte skai stoel met ronde, verroeste ijzeren poten en een krukje met daarop een bord. De leraar staat voor de klas les te geven. Hij is nog jong en misschien nog niet eens dertig jaar oud, hoewel ik moet zeggen dat ik het in dit land moeilijk vind om de leeftijd van mannen te schatten, omdat ze al heel vroeg hun baard laten staan die groot, donker en dik is en die hen er ouder uit doet zien. De kinderen zitten in groepjes van drie of vier, jongens met jongens en meisjes met meisjes. De meisjes dragen bedrukte jurken met een gekleurde hoofddoek, de jongens dragen een lange broek en een trui die al door verschillende generaties kinderen gedragen is. Ze hebben allemaal hun eigen boek, schrift en potlood. Onze komst gooit het roer van de klas om die verandert in een uitwisseling van informatie.

De meester is Bakhtiyari, net als zijn leerlingen, alleen komt hij niet van de andere kant van de bergketen, maar woont hij in een dorp vlakbij vanwaar hij te voet naar de school komt die hij pas een week geleden heeft opgericht, zoals hij elk jaar doet. Rond deze tijd beginnen de families te komen die een maand geleden hun tocht vanuit de winterweiden gestart zijn. De kinderen vertellen dat ze vanuit de omringende tenten elke dag, behalve vrijdag, schoon en fris naar school komen, want dat is een van de schoolregels die hij probeert op te leggen. Ali en de meester kennen elkaar nog uit de tijd dat hij in dit gebied lesgaf. Als ik naar hen beiden kijk, voor een klas met kinderen met monden die wijd open staan, en als ik besef hoe klein we zijn in zo'n indrukwekkend landschap en mezelf hoor uitleggen wie ik ben, waar ik vandaan kom en waarom ik ze wil leren kennen, voel ik dat ik een heel bijzonder, uniek moment meemaak waarin niets er meer toedoet behalve dan onze gesprekken over onze werelden, onbekende en eenvoudige verhalen, maar uiteindelijk in de diepste zin menselijk.

Op het bord heeft de meester een wereldbol getekend met daarop de werelddelen van Europa en Azië en om onze respectievelijke landen een cirkel waaronder hij in Perzisch 'Iran' en 'Aspania' schrijft. Het is halverwege de ochtend, de zon verwarmt, maar de lucht die van de besneeuwde bergtoppen afkomt is ijskoud. 'Vertel eens iets,' vraagt de meester. 'Leg ze bijvoorbeeld uit hoe jullie leven.' Ik vertel ze hetzelfde wat ik twintig jaar geleden in de bergen van Hindu Kush vertelde aan de kinderen van een Hazara-stam van Ayub Kan. Deze keer met behulp van een tekening van een flatgebouw op het bord. Ik wijs de ramen aan van het huis waarin ik woon en vertel ze dat er in een flat heel veel gezinnen passen, boven elkaar, en dat we alleen een stukje hemel zien dat zichtbaar is tussen de twee rijen gebouwen. De meester zegt dat dat gebeurt vanwege het ruimtegebrek, omdat er heel veel mensen op dezelfde plek willen wonen omdat ze daar werk hebben in een paar enorme fabrieken waar honderden mensen werken. 'Datzelfde gebeurt in Teheran,' voegt hij eraan toe. De kinderen luisteren aandachtig en zijn muisstil, ze verroeren zich zelfs nauwelijks; ze hebben heel grote ogen en hun huid is droog van de zon en de koude wind. Ik zie dat de meisjes stiekem lachen en ze lijken slimmer dan de jongens. Voordat we weggaan, geeft de meester aan waar het kampement ligt van de familie die wij zoeken, een paar van hun kinderen zijn leerling op deze school. We geven hem een zak met zuurtjes om uit te delen. De man loopt van kind naar kind en ze steken hun uitgedroogde handen in de zak om er slechts een zuurtje uit te pakken. Als hij de klas is rond geweest, geeft hij de nog volle zak terug.

Aan de andere kant van het beekje, zo'n tweehonderd meter verderop, vinden we het kampement dat we zoeken, een groep van vijf tenten afgezonderd op de kale berg die vol stenen ligt. De groene weiden en de bomen staan in een brede vallei die een paar honderd meter lager ligt. De familie ontvangt ons vol blijdschap, mannen en vrouwen, en ook de kleinste kinderen komen naar ons toe. De leider van de groep ontvangt ons voor de grootste tent, een man van ongeveer zeventig jaar oud, vergezeld van twee van zijn kinderen. Alledrie hebben ze lichte ogen met een kleur die varieert van groen tot honingkleurig, alledrie dragen ze een wit wollen vest met zwarte strepen en een *kola*, een ronde pet. De tent is van grijze canvas en de constructie bestaat uit een ijzeren buis die met koorden en houten palen wordt ondersteund. Achterin staan beschilderde metalen hutkoffers en een paar zadeltassen van gekleurde wol – geweven, geknoopt of geborduurd – waar kleding in zit. Een stapel opgerolde matrassen in een hoek wordt 's nachts uitgerold om op te slapen. De mannen verwelkomen ons hartelijk, maar serieus, omdat zij verantwoordelijk zijn voor de groep, en bieden ons hun tent aan. De vrouwen lachen en zijn opgewonden. Onze aanwezigheid doorbreekt de dagelijkse routine. Twee vrouwen vallen het meest op: de vrouw van de leider die ongeveer dertig jaar is, en de *arus*, de vrouw van de zoon, oftewel de schoondochter. Ze zijn heel mooi, lang en slank en pronken met een paar enorm lange pijpenkrullen langs beide kanten van hun gezicht waarvan de uiteinden samengebonden zijn aan het lint waarmee het kapje onder de kin is geknoopt. De ene draagt een groen kapje dat versierd is met gekleurde kralenbloemen, en de andere heeft er een van zwart fluweel die met parels is versierd. Aan de achterkant hangen doorzichtige sluiers, de een groen en de ander fuchsia. In hun lange, opvallend gekleurde rokken met veel plooien vanuit de taille lijken ze met hun slanke en sierlijke gestalte feeën of middeleeuwse prinsessen. Ze hebben glimmende ogen en hagelwitte tanden die perfect op een rijtje staan. Hun opvallende kledij strookt niet met de soberheid van de tent en de ruigheid van het gebied. Je kunt duidelijk zien dat Fatima en ik uit de stad komen, van top tot teen in het zwart, te midden van zo'n overvloed aan kleur. Naast onze auto wordt een andere geparkeerd, een verbleekte, hemelsblauwe Peykan. Hij is van een man die ook vanochtend uit Isfahan is vertrokken om te onderhandelen over de koop van tapijten die in die streek worden geknoopt. We blijven daar die nacht allemaal slapen en daarom moeten we iets voor het avondeten regelen. Ali biedt aan om iemand mee te nemen naar het dorp om inkopen te doen en onmiddellijk wordt er een expeditie op touw gezet. De auto's vertrekken met de drie mannen en de twee belangrijkste vrouwen. Om naar de stad te gaan hebben zij zich allebei bedekt met een zwarte chador waaronder de gekleurde plooirokken tevoorschijn komen. Fatima en ik blijven bij de andere vrouwen en kinderen en worden naar een tent gebracht die kleiner is en waarin een houten wieg staat die lijkt op een mand met handvatten, versierd met pompons, kwasten en franjes van wol in felle kleuren. In de wieg ligt een baby vredig te slapen, ingebakerd als een mummie, je kunt nog net een rond, roze gezichtje met bolle wangen zien. Haar moeder, een meisje van zestien jaar, zit naast haar te spinnen. De baby heet Zahra, "de stralende", en is vijfenveertig dagen oud. Ze werd geboren in het winterkamp, twee weken voor ze de tocht naar de zomerweiden aanvaardden en beiden, zegt de moeder, blaken van gezondheid. Terwijl ze praat, gaat ze door met spinnen, een hand bijna onzichtbaar vanwege een dot wol die door de andere hand die de spoel van het spinnenwiel bedient, tot een draad wordt gevormd. Een jongetje naast ons blaast voortdurend op zijn ocarina, maar noch onze stemmen, noch het gefluit kunnen Zahra's slaap verstoren. Als we weggaan, slaapt ze nog. De rest van de middag brengen we door in een andere tent die dienst doet als keuken, en gezeten op een paar balen meel kijk ik toe hoe twee meisjes het brood voor het avondeten klaarmaken. De ene kneedt het deeg tot een bol en de andere rolt de bol met behulp van een rond stuk hout uit tot platte koeken, die ze bakken op een cirkelvormig stuk ijzer dat geplaatst wordt boven een vuur in een gat in de grond. Een lange, potige oma, helemaal in het zwart gekleed met een lijf-je, een plooirok en een hoofddoek die in de stijl van de Chero-kee-indianen achterop haar hoofd zit vastgeknoopt, komt naast me zitten en kijkt me strak aan, zonder ook maar een detail uit het oog te verliezen, alsof ik zojuist van de maan ben geland. Ze heeft een enorme bos zwart haar, ik zou zeggen dat het met henna geverfd is, met in het midden een rechte schei-ding. De pijpenkrullen die haar oren bedekken, hangen tot op haar borsten en buigen dan weer naar boven af, waar ze met de uiteinden zijn vastgemaakt aan het koordje onder haar kin, volgens Bakhtiyari-stijl. Ze heeft maar een oog open, het ooglid van het andere blijft gesloten. Haar handen zijn heel groot, mollig, donker, en met een droge huid, en aan een van haar middelvingers heeft ze een zilveren ring met een vlakke, ronde steen die ook zwart is. We wisselen geen woord met el-kaar, we kijken elkaar alleen aan.

Aan onze voeten, gezeten op de grond van de tent, praten de vrouwen terwijl ze brood maken. Een van hen is de moe-der van Zahra, haar enige dochter, een andere heeft al drie kinderen. Fatima die nog geen kinderen heeft, vraagt aan de anderen of ze nog meer kinderen willen. Degene die er al drie heeft, antwoordt dat ze geen kinderen meer zal krijgen omdat ze naar het ziekenhuis in de stad zal gaan om haar eileiders te laten afbinden. Ik sta paf. Deze mensen hebben geen televisie en ik heb zelfs in geen van de tenten waar ik binnen ben ge-weest een transistorradio gezien of gehoord; de vrouwen pra-ten echter over geboortebeperking en sterilisatie. Dat vind ik interessant en ik vraag hoe dat zit. Naar wat ik ervan begrijp hebben maatschappelijk werksters hen bezocht, hun infor-matie gegeven over deze kwestie en hun tegelijkertijd verteld dat ze gratis medische hulp kunnen krijgen. '*Khanume* Ana, heeft u nog nooit in een moskee die posters gezien met advertenties voor een vasectomie die eenvoudig kan worden uitgevoerd zonder dat je naar het ziekenhuis moet of verdoofd moet worden? Nou, hetzelfde gebeurt met sterilisatie,' legt Fatima me uit, en ze moeten allemaal lachen alsof ik nog in het stenen tijdperk leef.

In Iran is anticonceptie niet verboden, het wordt zelfs niet afgeraden, want de islam verbiedt het niet, net zo min als abortus, hoewel dit volgens de wet niet is toegestaan. Ten tijde van de sjah startte de staat een campagne voor geboortebeperking met de slogan: 'Een beter leven met minder kinderen.' De Islamitische Republiek begon een campagne tegen deze geboortebeperking, maar vanaf begin jaren '90 veranderden de dingen: de staat stelde zich ten doel om het geboortecijfer te beperken en ging zelfs zo ver om grote gezinnen te bestraffen. Tegenwoordig komen zij in de problemen als ze hun kinderen op school willen inschrijven en ze ontvangen minder bonnen om artikelen, die tot de eerste levensbehoefte behoren, in de coöperatieve bedrijfswinkels tegen een lage prijs te kopen. Zelfs het zwangerschapsverlof wordt vanaf het vierde kind beperkt. Op die manier is het geboortecijfer vanaf 1976 tot 1996 gedaald van 7,6 kinderen tot 3,7 kinderen per vrouw, op middellange termijn kan dit tot gevolg hebben dat de nomadenstammen verdwijnen, want als deze mensen met hun zware en geïsoleerde leefwijze het tot onze tijd hebben gehaald, dan is dat voor een groot deel te danken aan hun hoge geboortecijfer.

Aangezien ik geen weefgetouw zie, vraag ik of het soms niet de periode is waarin ze tapijten knopen en ze zeggen dat ze de weefgetouwen nog niet hebben uitgepakt omdat ze pas een paar dagen geleden hier zijn aangekomen en ze zijn nog bezig het kampement op orde te brengen. Als ze klaar zijn met brood maken, dan is het tijd om water in het beekje te gaan halen. De zon begint achter de bergen te zakken en onze tenten staan al in de schaduw. De ijzige wind begint zijn uitwerking te hebben op onze lichamen die gewend zijn aan de warme lente van Isfahan, en Fatima en ik moeten alle truien aantrekken die we in de rugzak hebben meegenomen. Aan beide zijden van de bergstroom zitten groepen vrouwen gezellig bij elkaar met grote, plastic karaffen. Een paar ezels staan rustig naast hen te grazen en de kinderen rennen om hen heen. We gaan bij een groepje vrouwen zitten en de vrouwen van onze familie leggen de anderen uit wie we zijn en wat we hier komen doen. Ze praten een Perzisch dialect, het Lori, dat soms moeilijk is te verstaan, zelfs voor Fatima. Een van de vrouwen vertelt dat ze een broer heeft die in deze streek woont en dat hij in zijn huis een koelkast en een elektrisch fornuis heeft. 'Hij is zelfs naar de universiteit geweest,' vertelt de vrouw trots en de anderen knikken instemmend.

De kuddes geiten en schapen komen bijna tegelijk aan met de twee auto's uit de stad. Het is tijd om te melken en om de jonkies naar hun moeders te brengen. De geitjes en lammetjes die de hele dag tegenover de hoofdtent hebben gestaan in een soort hok dat gemaakt is van kippengaas en bedekt is met zeildoeken, hebben honger. Met hun komst is het afgelopen met het gezellige samenzijn bij de rivier: er is werk aan de winkel. De ruimte tegenover de tenten vult zich met dieren en het is moeilijk om er tussendoor te lopen. Ali en de andere gast hebben spullen voor het avondeten gekocht en vandaag hebben zij de taak om voor iedereen te koken. De avond is al ingevallen en ik sta midden in een enorme kudde naast de vrouw van de leider die in de volledige duisternis zit te melken; ik hoor dat andere vrouwen hier en daar hetzelfde doen, maar ik kan ze niet zien, omdat ze op hun hurken zitten. Doordat de dieren zich bewegen, verlies ik soms mijn evenwicht en het kost me de grootste moeite om overeind te blijven, daarom besluit ik die beestenboel te verlaten en terug te keren naar de tent.

We krijgen licht van twee petroleumlampen en een zaklantaarn die we hebben meegenomen. Ik neem aan dat ze normaal gesproken naar bed gaan als het donker wordt, maar vandaag is er een bijeenkomst in de tent van de zoon van de leider en de *arus*, zijn vrouw, waar wij slapen. In besloten kring eten we kip met groenten en brood. Daarna komen er mannen uit de andere tenten en ook van andere groepen die verderop staan, en de ruimte loopt langzaam aan vol. De leider van onze familie zit voor: aan de ene kant zitten alle mannen en aan de andere kant alle vrouwen; de adolescenten en de kleintjes vullen tenslotte de gaten. Een jongen zonder baard die zegt dat hij een keer in Isfahan is geweest, zingt gedurende een behoorlijke tijd liedjes die iedereen kent; een aantal luistert in stilte en anderen verlevendigen het gezang door te klappen en vrolijk mee te doen. De thee wordt langzaam geserveerd, omdat er maar vier glaasjes zijn en we allemaal op onze beurt moeten wachten. Wij delen zuurtjes uit en geven wat over is aan de leider van de groep. Tijdens het samenzijn heb ik maar twee keer thee gekregen, want naast het tekort aan glazen, moesten ze ook nog een keer het water koken op een vuur dat in de grond was gemaakt. Ik ben er niet achter gekomen of deze schaarste aan middelen te wijten was aan het feit dat ze pas het kampement hadden opgezet of dat het hun manier van leven is, maar ik zie ook geen butagasflessen of benzinebranders.

De clanleider vertelt dat de vrouw die bij hem is, zijn derde vrouw is, de andere twee zijn overleden, hoewel zijn huwelijken achtereenvolgend waren en hij nooit twee echtgenotes tegelijk heeft gehad. De vrouwen maken onbeschaamde grappen en zeggen dat de andere twee niet waren opgewassen tegen zijn potentie. De leider is, hoewel al wat ouder, niet onknap en ziet er voor zijn leeftijd nog goed uit met zijn glimmende en sprekende ogen. Zijn vrouw is een stuk jonger dan hij en heeft een rits kleine kinderen. Zij en de *arus*, de schoondochter, schelen niet zoveel en zij moeten ervoor zorgen dat iedereen thee krijgt. De *arus* is een heel vrolijke vrouw die altijd een glimlach op haar gezicht heeft en allerlei gevatte opmerkingen maakt; ze is nog niet zo lang geleden getrouwd en zegt dat ze tevreden is met haar situatie. Ik vraag de leider hoeveel mensen er onder zijn hoede leven en hij zegt dat dat vier gezinnen zijn, elk in een eigen tent, de vijfde tent doet dienst als gemeenschappelijke keuken en als opslagplaats voor het proviand. In zijn tent leven elf personen, zijn nabije familie, vrouw, kinderen en schoondochter, en zijn kudde bestaat uit tweehonderd dieren, geiten en schapen. Hij vertelt me ook dat elk gezin tussen de honderd en tweehonderd dieren heeft, waaruit ik opmaak dat er buiten zo'n zeshonderd stuks vee, geiten en schapen, moeten rondlopen. Ze eten vooral melkproducten en brood. Vanaf het moment dat ik in het kampement gearriveerd ben, is me opgevallen hoe wit en gezond hun tanden zijn die glinsteren als ze lachen, dat geldt zowel voor de kinderen als voor de ouderen, en ik denk dat dat te danken is aan een dieet dat rijk is aan calcium.

Een hevige kou begint langs de onderkant van het canvas naar binnen te dringen, en als ik nu nog niet ijskoud ben, dan is dat alleen omdat we met zovelen zijn en dicht op elkaar gepakt in de tent zitten, maar ik heb zo'n voorgevoel dat het vannacht koud wordt. Fatima, die naast me zit, komt zo dicht naast me zitten dat ik haar lichaamswarmte voel. Er ontstaat tussen ons een fantastisch gevoel van samenhorigheid. Zij voelt zich dichter bij mij dan bij deze mensen die slechts driehonderd kilometer van haar stad wonen en die hetzelfde geloof hebben als zij.

Als iedereen zich heeft teruggetrokken en de tent weer leeg is, worden de matrassen vanachter de *kelims* die het huisraad van de familie verbergen, tevoorschijn gehaald. Ali, Fatima en ik slapen in een bijtentje van de grote tent waar normaal het pas getrouwde stel ligt dat nu buiten onder de sterrenhemel slaapt. We kunnen ze op geen enkele manier overtuigen om bij ons in het tentje te komen. We hebben uit Isfahan voor ieder een wollen deken meegenomen, maar dat is bij lange na niet genoeg, omdat er een stevige wind waait die door alle gaatjes naar binnen glipt. Ze geven ons nog meer dekens. Ik heb er al vijf; de bovenste is bedrukt met een tijger die me doet denken aan de dekens die ik in de etalages van Barcelona heb gezien. Ik ben uiteraard niet van plan om ook maar een laag kleding uit te doen als ik ga slapen, nog niet eens de hoofddoek die ik nog steeds draag, en voor zover ik kan zien, denken de anderen er precies hetzelfde over.

Ik doe de hele nacht geen oog dicht. Het is niet de eerste keer dat ik in een kampement slaap, maar deze keer klinken er overal in de vallei geluiden, geluiden die voor mij onbekend zijn en die mij heviger verontrusten dan als ik naast een snelweg zou hebben geslapen. In de grote tent ligt een kind de hele nacht te huilen, maar niemand reageert erop. Na een hele tijd hoor ik een vrouw schreeuwen en dan weer het gehuil, nog meer geschreeuw en het geluid van klappen. Buiten klinkt geblaat en gemekker en klingelen de bellen om de nekken van de beesten, de honden die de kuddes en het kampement bewaken, blaffen bij elk geluid of vreemde beweging, en ik zie de schaduw van iemand die ligt voor onze tent die wagenwijd openstaat, en die af en toe opstaat en op een speciale manier fluit. Zijn gefluit moet in de hele vallei te horen zijn. Ingepakt als een mummie en met wijdopen ogen kijk ik naar het schouwspel buiten dat omlijst wordt door de opening van de tent, en aangezien de maan schijnt, zijn de schaduwen die zich af en toe aftekenen in het tafereel, duidelijk te onderscheiden. Terwijl het nog nacht is, zet de kudde zich in beweging en onder veel geblaat en gemekker en een vreselijk lawaai van duizenden hoeven die zich verplaatsen, defileren de beesten voor de tent; vlak daarna hoor ik het gezang van een man die bidt en ik zie zijn silhouet vele malen buigen. Ik heb het de hele nacht niet warm gehad, maar ik geloof dat de temperatuur dan ook onder het vriespunt was. Toen ik naar bed ging, besloot ik niet te denken aan de mogelijke dieren die door het kamp zouden rennen en die vast en zeker ook in onze tent zouden kruipen, het canvas reikt nu eenmaal niet tot aan de grond en de ruimte eronder is bijna zo groot als de palm van een hand. Als ik een beetje genoeg begin te krijgen van de mysteries van de Bakhtiyari-nacht, beurt het gebed dat het op handen zijn van een nieuwe dag aankondigt, me op en eindelijk kom ik tot rust en voel ik me prettig. Ik concludeer dat het de andere gast moet zijn, de inkoper van tapijten, die in zijn auto heeft geslapen, die aan het bidden is, maar ik zie niet dat iemand anders bij hem komt zitten om mee te bidden. De man komt uit Isfahan en was vroeger leraar, een paar jaar geleden is hij met pensioen gegaan en nu leidt hij een eenvoudig bestaan. Om behoorlijk te kunnen leven, reist hij deze plekken af op zoek naar tapijten die hij daarna in de stad verkoopt. Hij is geletterd, gevoelig, zeer godsdienstig en buitengewoon welgemanierd. Daarom verbaast het me dat hij hardop zingend bidt op een tijdstip dat iedereen nog slaapt of zou moeten slapen, en ik weet niet of ik het ten kwade moet opnemen en tot de conclusie moet komen dat hij aan de rest wil laten zien dat ze moeten bidden, terwijl ze dat niet doen, ofwel hij geniet van het ochtendgloren op een schitterende plek en wil God prijzen omdat hij geëmotioneerd is, zonder er bij stil te staan dat hij wel een slechte plek heeft uitgezocht om dat te doen. Hij is namelijk recht tegenover onze tent gaan zitten.

Als ik eindelijk opsta, wordt het al licht en verschillende mensen proberen warm te worden rond een vuur. Het is stervenskoud, en ik bedenk dat de man uit Isfahan hier heeft zitten bidden om zo nog een beetje opgewarmd te worden door het vuur, op elke andere plek zou hij steenkoud zijn geworden. Ik zal niet meer kwaad over iemand denken, zeg ik bij mezelf. De hoofdtent en de bijtent, de onze, staan met hun ingang naar het oosten zodat de eerste zonnestralen tot achterin de tent komen. Vanuit mijn positie naast het vuur zie ik hoe degenen die nog op een oor lagen, langzaam wakker worden en met een slaperig hoofd naar buiten komen. Het hoofd van een man komt tevoorschijn onder een stapel dekens, en als hij die wegschuift zie ik dat hij niet eens zijn gestreepte vest heeft uitgedaan om te slapen. Het eerste wat hij doet, is een hand tussen de dekens uithalen, op de tast zoeken naar zijn ronde, zwarte vilten hoed en die opzetten; pas daarna staat hij op en voegt hij zich bij de groep die bij het vuur staat.

Langs de weg komt degene terug die de kudde voor zonsopgang naar boven heeft gebracht, zwaaiend met een stok die af en toe als wandelstok dienst doet. Tussen het zeildoek en het kippengaas dat het hok voor de jonkies vormt, verschijnt de kop van een grijs geitje. Nu er toch al een vuur is, gebruiken we dat meteen om het brood voor het ontbijt in te bakken en daarna, als de zon al warmer begint te worden, eten we, gezeten op een kleed dat we op de berghelling hebben neergelegd, brood met kaas, yoghurt en room. De kinderen die weer schoon en fris zijn, gaan met hun schooltassen op hun rug op weg naar school, en overal zie je ze langs weggetjes die komen van verschillende groepen tenten, de berg afdalen als werkmieren die de gang naar de toekomst aangeven.

Voor de tent, gezeten in de zon en met mijn rug naar de vallei, begin ik lagen van mijn wollen kleding uit te trekken, omdat ik het warm begin te krijgen en zweet. Terwijl ik kijk hoe de matrassen worden opgevouwen en onder de *kelims* achter in de tent worden opgeborgen, denk ik dat tweehonderd geiten en schapen voor een familie helemaal niet zo slecht is, en het verwondert me dat deze mensen nog steeds afgezonderd leven van de rest van de wereld, die aan de andere kant zo dichtbij is, en niet toetreden tot de consumptiemaatschappij. Misschien is de *arus* als enige geïnteresseerd in de buitenwereld; zij heeft ook een broer die in een huis woont en een koelkast heeft, en nu zie ik haar kauwgom kauwen. Ervoor zorgend dat niemand het doorheeft, vraagt ze me toestemming om te rommelen in mijn toilettas waarin ik mijn tandenborstel en nog wat spulletjes bewaar. Uiteindelijk heeft ze alles in de wacht gesleept en bewaart ze de producten die ik haar cadeau heb gedaan onder haar onderrok.

Ik weet niet waar de grote en rijke *kans* zijn die eind negentiende en begin twintigste eeuw de heersers over dorpen en steden waren en die grote paleizen hadden, verborgen in de valleien en omgeven door bergen met eeuwige sneeuw. Hier is geen spoor van ze te bekennen en ik zie me gedwongen om dit kampement te verlaten zonder het raadsel te hebben opgelost. Ik neem echter wel de glimlach van de jonge *arus* mee, die mij in ruil voor mijn hydraterende crème een pasgemaakte jonge kaas heeft meegegeven.

Als we het kampement al ver achter ons hebben gelaten en in Dasht-e Laleh zijn, een helling vol oranje tulpen die overdag naar de grond kijken en 's nachts naar de hemel, *laleh vajhegoon*, en Fatima afgeleid is met het plukken van een bos van deze bloemen, vraag ik aan Ali waarom zijn vrouw geen Engels leert. Hij antwoordt of ik haar misschien zou kunnen overtuigen van het nut ervan. In Shahr-e Kord gaan we een tapijtzaak binnen. De eigenaar, een jonge, lange man met een scherp, rechthoekig gezicht dat haastig geschoren is, pikzwart stekeltjeshaar, zonder bakkebaarden, met een volle snor en een paar honingkleurige ogen, zegt dat hij alleen tapijten verkoopt die machinaal zijn gemaakt, maar dat als we willen hij mee zal gaan naar zijn huis waar zijn moeder een weefgetouw heeft staan. Hij sluit de winkel met zijn sleutel af en brengt ons via allerlei steegjes naar een buitenwijk van de stad.

'In de steden, dorpen en gehuchten van de Bakhtiyari staan in alle huizen weefgetouwen en er zijn ook werkplaatsten waar tapijten worden gemaakt. Daar komen de grote, beroemde bakhtiyari vandaan,' vertelt hij, terwijl we door een paar ongeasfalteerde straten lopen. 'De inslag en de schering is van katoen en ze zijn zwaar en sterk; ondanks dat hebben sommige van die kleden een schitterend patroon, een enorme verfijndheid en vrolijke kleuren. Op dit moment worden de meest verkochte tapijten, gemaakt in Châl-e Shotor, een dorp hier vlakbij.'

De lessen van Reza schieten me te binnen en ik denk: 'Deze kunnen heel wat voetstappen verdragen', en ik moet in mezelf lachen.

Achter een lemen muur en midden in een stukje grond dat een braakliggend terrein lijkt, staat zijn huis, laag en in een vierkant gebouwd. In de deur staat zijn moeder ons op te wachten, een vrouw die nog redelijk jong is die een gekleurde rok, trui en een hoofddoek met bloemen draagt. Aan het plafond met bovenlicht in de woonkamer die zich in het midden van het huis bevindt, hangen bloempotten met planten en een kooi met een kanarie die vrolijk zingt. In een grote, lichte kamer heeft de moeder het weefgetouw staan. Ze is bezig een kleed van een groot formaat te knopen met het patroon dat 'de vier seizoenen' wordt genoemd, omdat het verdeeld is in vier even grote rechthoeken waarin bloemen of bomen zijn afgebeeld die alle jaargetijden lijken voor te stellen.

Gezeten op de grond op een tapijt met een felrode kleur dat machinaal vervaardigd is en in het midden een medaillon met zwarte randen heeft, drinken we thee en praten we wat. Het getjilp van de kanarie begeleidt ons gesprek en ik voel me meer dan ooit op mijn gemak bij deze mensen die ons zonder ons te kennen in hun huis hebben verwelkomd. Soms is een glas thee, een wollen vloerkleed en een beetje plezier genoeg om te geloven dat we op de mooiste wereld leven.

8

VERLANGEN NAAR
HET VREEMDE LAND

'Reza houdt van bidjartapijten en Amerikanen ook,' vertelt een directeur van een staalfabriek uit het Ruhrgebied die helemaal gek is van tapijten en zojuist is aangekomen uit Duitsland. In de grot van Ali Baba kennen ze hem nog van vorige bezoeken en ze weten dat elke keer als hij naar Iran komt om een bezoek af te leggen aan de staalfabriek van Isfahan, waarmee zijn bedrijf een samenwerkingsverband heeft dat dateert van voor de revolutie, hij altijd eerst bij hen langs komt. Het is een gezette, extroverte man wiens innemende karakter de ruimte vult. Hij loopt in hemdsmouwen en heeft zijn kraag niet dichtgeknoopt. De verrassing om een vrouw in de grot te treffen heeft hem opgevrolijkt, hij is gewend om altijd dezelfde mannen te zien.

'Een Spaanse die eruitziet als een Iraanse,' zegt hij vanwege mijn klederdracht. 'Je maakt ook van alles mee in Iran!' roept hij lachend uit, terwijl ik bezig ben om het eerste glaasje thee van de avond te serveren.

Hij belde vanochtend zelf om te zeggen dat hij naar Isfahan zou komen en om negen uur 's avonds zou aankomen. 'Geen enkel probleem; de grot zal open blijven tot u arriveert en we zullen u van het vliegveld ophalen,' had Reza geantwoord. Het is inmiddels over tienen en daar zitten we dan, verdiept in een gesprek tussen tapijten en borden met *chelo kebab*, een spies met gebraden lamsvlees en rijst, die iemand moest halen in een restaurant vlakbij.

'Het bidjartapijt dat onder onze voeten ligt, weegt lood-zwaar, omdat het nou niet bepaald klein is en tapijten uit Bidjar zijn bovendien heel dicht geknoopt, zoals een dikke kattenvacht,' legt Reza uit terwijl hij de haren probeert te scheiden door zijn vingers door de wol te halen. 'Ze zijn zo stijf dat je ze nauwelijks kunt vouwen en daarom moet je ze plat laten liggen, of, mocht het nodig zijn, ze heel voorzichtig oprollen met de pool naar de buitenkant zodat de draden van de inslag niet kunnen breken. Ondanks dat ze zo stevig zijn, kunnen ze toch heel verfijnd en stijlvol zijn. Het zijn kleden voor in de stad, ideaal voor ruimtes waar veel gelopen wordt, bijvoorbeeld in de woonkamer van een gezin met kinderen, omdat ze heel duurzaam zijn. Ze verdragen heel wat voetstappen,' eindigt Reza zijn uitleg bij wijze van conclusie, want hij moet de Duitser helpen het meest geschikte kleed uit te kiezen dat hij zijn dochter cadeau wil doen omdat ze gaat trouwen.

De bazaar is al gesloten en de straten er omheen zijn verlaten, maar wij blijven gewoon doorpraten. Binnen in de grot voel je je altijd beschermd. Het is een gezellig samenzijn en de thee dampt in onze glazen. De Duitse directeur vertelt me hoe moeizaam het contact verliep tussen de twee staalfabrieken aan het begin van de revolutie, toen een groep onwetende en starre directieleden de leiding over het bedrijf nam. Nu is de situatie genormaliseerd, vertelt hij, en zijn er geen erge spanningen meer als hij komt. Hij geniet van deze reizen die hij meerdere keren per jaar moet maken, hij is nu eenmaal verliefd op Iran. Hij is net aangekomen en is tevreden en ontspannen en voelt zich op zijn gemak, terwijl zijn assistent die naast hem zit in zijn kostuum met stropdas en een aktetas, meer zin lijkt te hebben om te gaan slapen, want morgen wordt het een drukke dag. De nachtwaker van de grot zit wel al een tijdje te dutten op een stapel tapijten. Hij komt uit een dorp om in Isfahan te werken en verdient wat extra door hier te slapen; op die manier is hij geen cent kwijt aan onderdak en hoeft hij ook niet terug naar het dorp waar hij woont en veel mondjes heeft te voeden. Haji Baba is een tijdje geleden naar huis gegaan, net als de jongens van 'Ali Baba's team', behalve Abbas en Hassan.

'Waarom houden Amerikanen van bidjartapijten?' vraag ik.

'Omdat ze tegelijkertijd dik, sterk en stijlvol zijn,' legt Reza me uit. 'Zelfs andere soorten tapijten die voor Iraniërs heel dun en zo kort mogelijk geschoren moeten zijn, werden voor de Eerste Wereldoorlog voor de Amerikaanse markt dikker gemaakt in de Engelse werkplaatsen van Hamadan. Daardoor konden ze ook machinaal gewassen worden, omdat ze minder snel kapot gingen.'

'Nu zie je echter,' onderbreekt de Duitser, 'dat de Amerikaanse markt niet meer voor jullie Iraniërs telt, omdat jullie daar niet naar toe mogen exporteren.'

'Je zult geen exportcijfers vinden van Iraanse tapijten naar de Verenigde Staten, maar ze werden wel vanuit Pakistan, India of Turkije geëxporteerd, alleen met een andere aanduiding van herkomst. Weet wel dat de invoer van tapijten, pistachenoten en kaviaar in dat land al sinds een paar jaar weer is toegestaan.'

Opnieuw komt het embargo ter sprake, en als Iraniërs praten over het Amerikaanse embargo dan verwijzen ze naar de Amato-wet die elk bedrijf een sanctie oplegt, zelfs niet-Amerikaanse ondernemingen, als het meer dan twintig miljoen dollars in Iran investeert.

We zijn het gesprek begonnen over tapijten en, zoals altijd, zitten we na een tijdje, als het al laat in de avond is, te praten over iets totaal anders: de Iraanse diaspora in Amerika. Ik vertel ze het verhaal van mijn vriendin Alexandra, een hartelijke en charmante Venezolaanse die op een dag verliefd werd op een Iraniër die in San José in Californië woonde. Zij wilde mij deelgenoot maken van het avontuur dat voor haar betekende dat ze zich moest verdiepen in een cultuur die ver weg stond van de Cariben waar ze was geboren. Ze benoemde mij tot haar vertrouwelinge en tegelijk adviseuse voor gevoelskwesties. Jarenlang heb ik e-mailberichten ontvangen van Alexandra die me op de hoogte hield van haar liefdesleven en van wat er zoal om haar heen gebeurde. Ze vertrok dus naar Californië om daar te gaan wonen en ging werken in het bedrijf dat haar Iraanse vriend en zijn broer in San José hadden. Een tijdje geleden kwamen de gebroeders Parvin op het lumineuze idee om een krant, de *Iran Journal*, uit te brengen voor Iraniërs die in Californië wonen, de grootste Perzische gemeenschap ter wereld, en ongetwijfeld ook de meest welvarende. Daarin werden naast lichte artikelen over de Amerikaanse samenleving, recepten, adviezen voor vrouwen voor een gezond leven, en stukken over tuinieren, reizen naar Iran, poëzie, Iraanse muziek, voetbal en Iraanse voetballers ook advertenties gepubliceerd van Iraanse professionals in Californië: tandartsen, artsen, rentmeesters, restauranthouders, chiropractors, verzekeraars, tapijthandelaren, meubelverkopers, juweliers, platenproducenten, uitgevers, zelfstandigen met een schoonheidssalon waar haren met laser werden verwijderd, een kapperszaak of met een supermarkt, directeuren van radio en televisiezenders. Allemaal Iraniërs. Gezien het succes gaven de broers in 1998 de eerste editie van *Tasvir Persian-American Yellow Pages* uit, de gouden gids van de Iraanse gemeenschap in Amerika. Het deel van 1999 heeft zevenhonderd pagina's. Daarin verschenen ook advertenties van Armeense Iraniërs die zich in de Verenigde Staten hadden gevestigd. In een van de exemplaren van *Iran Journal* die Alexandra me opstuurde, zag ik dat er ook advertenties van Spaanstalige artsen in stonden; soms ging het om een echtpaar bestaand uit een Iraanse arts en een Latijns-Amerikaanse zelfstandige, of omgekeerd, die samen hun diensten aanbood in beide talen, Spaans en Perzisch. In latere publicaties nam dit soort advertenties toe, de vrucht van huwelijken tussen de twee gemeenschappen, zodat de gebroeders Parvin in 1999 de gouden gids van Spaanstaligen in Californië uitgaven. Volgens *Iran Journal* leven er in Californië bijna een miljoen Iraniërs. Er worden meer dan vijftig tijdschriften en kranten in het Perzisch uitgegeven en er zijn ongeveer tien radio- en televisiezenders. Daarom hebben ze in Iran Los Angeles omgedoopt tot Teherangeles. In Iran kun je dankzij de schotelantenne een enkele Iraanse zender vinden die vanuit Amerika uitzendt, zoals National Iranian Television (NITV), Pars TV dat in handen is van mensen die dicht bij de familie Pahlavi staan, de voormalige heersers, en Melli TV dat is opgericht, iets wat verbazingwekkend is, met de ideologische en financiële steun van de voormalige president van de Islamitische Republiek Iran, Rafsanjani, zoals verschillende mensen hier in Iran mij hebben verteld.

Dankzij deze televisiezenders kunnen ze in Iran hun favoriete zangers, en vooral zangeressen, volgen van wie de platen hier verboden zijn.

De populairste is NITV. Dat wordt gefinancierd met kapitaal van een groep Iraniërs die zeer divers is, er zitten zelfs Armeniërs en bahai bij, en de Duitser vertelt me dat ze zelfs bijdragen van particulieren ontvangen, geld dat zowel uit Amerika als Iran komt. Ze zenden van alles uit, van oude zwart-witfilms die aan het begin van de Perzische cinema zijn gemaakt, tot rapnummers in het Perzisch en een populaire talkshow waarin ze elke dag live over allerlei onderwerpen discussiëren, en kijkers vanuit Iran bellen om mee te doen aan het debat. Er zijn ook programma's die speciaal gericht zijn op de Iraniërs in de metropool die een beroep kunnen doen, bijvoorbeeld, op een advocaat om een probleem met visa op te lossen of op een psychiater om over vrouwenzaken te praten. Vaak zijn de programma's erg oppervlakkig, maar soms hebben ze ook interessante interviews met Iraanse wetenschappers, economen of ingenieurs die gespecialiseerd zijn in nieuwe technologieën en die belangrijke posten bezetten bij Noord-Amerikaanse bedrijven. Ook al worden ze niet gebracht als programma's met een ideologische visie, ze vertegenwoordigen wel een medium voor de politieke oppositie van het regime van de ayatollahs.

'Ongetwijfeld zullen al deze intelligente mensen met goede opleidingen voorgoed naar Iran terugkeren als de geestelijken zich zullen terugtrekken in hun moskeeën,' merkt de Duitser op.

Aan het begin van de islamitische revolutie verlieten de elites die waren verbonden aan het oude regime, militairen, politici en hoge ambtenaren, met hun fortuinen zonder problemen Iran. Anderen moesten in het geheim het land verlaten toen de islamitische tribunalen begonnen met hun processen tegen en veroordelingen van vroegere leiders. Met de val van Bani Sadr en de heftige onderdrukking van extreem links in 1980 vluchtten de jongste en gepolitiseerde elementen. Maar de grootste golf van Iraanse emigranten vertrok in de periode van de oorlog tussen Iran en Irak, tussen 1980 en 1988. Het was in die tijd dat hele families emigreerden met een voorkeur voor de Verenigde Staten, daarna Canada en daarna Europa; veel later, en vanwege het probleem met de visa, moesten ze zich neerleggen bij bestemmingen als Turkije, de Arabische Emiraten of andere landen. Ze vluchtten voor de oorlog en de aanhoudende droogte, maar ze wilden vooral niet dat hun zonen moesten strijden aan het front en ze wensten voor hen een ander soort onderwijs dan de Islamitische Republiek bood, obscurantistisch met een verstikkende alomtegenwoordigheid van het geloof. Aan het begin van de oorlog kwamen sommigen ook naar Spanje omdat ze daar toen nog geen visum voor nodig hadden en ze hoopten dat ze daar het papierwerk konden afwikkelen om hun reis verder voort te zetten naar de Verenigde Staten.

Naarmate de tijd verstreek, werd het probleem met de visa steeds groter voor de families die uit Iran wilden vertrekken. Tijdens mijn vorige reizen in dit land heb ik kunnen constateren dat het thema van de visa een steeds terugkerend onderwerp van gesprek was bij familiebijeenkomsten, en dat uiteindelijk altijd de foto's en video's van familieleden die in het buitenland woonden, tevoorschijn werden gehaald, maar nu heb ik tot mijn verbazing mogen vaststellen dat er bijna niet meer over visa wordt gesproken. Ze praten nog wel over hen die in het buitenland zitten, maar het is tegenwoordig zo moeilijk geworden om landen uit de zogenaamde eerste wereld binnen te komen dat degenen die niet zijn vertrokken toen ze nog konden, opgehouden zijn om al hun krachtsinspanningen en geld in deze poging te steken zoals ze voorheen wel deden. Degenen die zijn vertrokken, komen naar Iran terug om er hun vakanties door te brengen, familieleden te bezoeken en te reizen door het land zodat hun kinderen waarmee ze nog steeds in het Perzisch praten, het kennen.

We zijn nog steeds in de grot; het is al middernacht en volgens mij is de metgezel van de Duitse directeur wanhopig. Hij doet zijn uiterste best om wakker te blijven en te lachen, maar zijn ogen vallen dicht; morgen zal hij in vorm moeten zijn tijdens de onderhandelingen met de Iraniërs en hij weet dat hij de energie mist die zijn baas heeft. De twee jongens van 'Ali Baba's team' die zijn gebleven om te helpen, zijn klaar met het opruimen van de tapijten en kunnen eindelijk zitten, na een lange dag, in de Turkmeense hoek van de grot waar wij doorgaan met praten, comfortabel gezeten op de tapijten, met de steun van *poshtis* in onze rug. We hadden het over de beroemde Gugush, de popzangeres wier leven vol ellende veel Iraniërs fascineert. Ze vertellen dat zij nog geen maand geleden, vier dagen na Noruz, het Perzische nieuwjaar, een concert in Dubai gaf waarbij twintigduizend mensen aanwezig waren, waarvan velen beroepshalve uit Iran kwamen. Gugush was al bekend toen ik in 1974 in Iran studeerde, maar vanwege de revolutie moest ze zwijgen en er werd niets meer van haar gehoord tot in 2000 toen ze, uitgenodigd door haar fans in Amerika, besloot het land uit te gaan en een wereldtournee ging maken. Hoewel ze zich twintig jaar in stilzwijgen had gehuld, waren haar platen in binnen- en buitenland nog altijd in omloop gebleven en kennen jongere generaties haar ook omdat ze haar liedjes met de paplepel ingegoten hebben gekregen. Ik heb een vriend van veertig die me een e-mail stuurde toen haar wereldtournee werd aangekondigd, waarin hij me schreef dat hij met Gugush was opgegroeid, dat hij belangrijke gebeurtenissen uit haar leven had meegevierd en met haar had meegeleefd tijdens de dieptepunten, en dat hij van plan was om naar verschillende concerten te gaan. Zoals te verwachten was, verschenen er in het *Iran Journal* van mijn kennissen in Californië vurige artikelen over de comeback van de diva. Reza en de jongens vertellen over het leven van Gugush, die nu ongeveer vijftig jaar oud moet zijn. Ze had geen moeder en haar vader was alcoholist die zijn brood verdiende als circusartiest. Vanaf haar vijfde liet hij haar zingen in de bars aan de Laleh-Zar, een beruchte straat in Teheran. Ze kon dus niet naar school. Op haar achtste begon ze met acteren en met tien jaar had ze al succes met een filmrol. Als zangeres had ze een bijzonder talent dat haar maakte tot een popidool van de Iraanse jeugd. Haar succes kwam met de komst van de televisie en degenen die er een hadden in Iran, zagen haar zingen op haar achttiende met haar minirok en bloemenhoed. Op die leeftijd eiste ze ook dat ze zelf haar contracten moest ondertekenen, maar vervolgens werd ze het slachtoffer van malafide organisaties die de dienst uitmaakten in de nachtclubs van de stad. Ze trouwde met een manager van een van die clubs, werd mishandeld door haar schoonzus en uitgebuit door haar man die zoveel optredens in allerlei tenten voor haar regelde dat ze uiteindelijk instortte en niet meer in staat was om haar ontelbare contracten na te komen. Ze vluchtte het land uit en kon pas terugkeren nadat ze de processen had gewonnen. Haar terugkeer sloeg in als een bom, er was een enorme weelde in Iran dankzij de oliedollars en het vijfentwintighonderdjarige bestaan van het Perzische rijk. De kranten en tijdschriften stonden bol van haar en twee van de drie tv-zenders in Iran besteedden aandacht aan haar. Haar nummers waren niet van de eerste plaatsen in de hitlijsten weg te slaan. In het studentenhuis waar ik verbleef, werd er aan één stuk door naar haar platen geluisterd en al mijn huisgenoten kenden ze uit hun hoofd. Ik kreeg de kans om haar live te zien in 1976 toen ze optrad in de Miami-club aan de Pahlavi Avenue, tegenwoordig Vali-e Asr. Ze was klein van stuk, slim, maar vooral erg aardig en zonder kapsones, zodat ze in een mum van tijd de harten had veroverd van het publiek dat bestond uit mannen, vrouwen en kinderen, want in de clubs van Teheran kwamen hele families, ondanks dat het nachtclubs waren. In Iran slepen ze de kinderen overal mee naar toe en in de gelegenheden waar ik het over heb, werden geen shows georganiseerd die niet voor minderjarigen geschikt waren, Gugush met haar minirok, plateauzolen en korte kapsel dat natuurlijk meteen mode werd, was het pikantst dat er te zien was. Gugush was bij iedereen geliefd, jong en oud, mannen en vrouwen, trendvolgers en conservatieven, omdat ze liefdesliedjes zong, maar ook religieuze liederen en ze vergat nooit een ballade in het Turks, haar moedertaal, te zingen, per slot van rekening was ze geboren in de Iraanse provincie van Azerbeidzjan.

Met de revolutie van 1979 brak de periode van stilte aan, de politieke situatie van het land bevorderde als eerste een houding van diepe zedigheid, maar de oorlog later ook, de Iraniërs huilden liever om hun doden dan dat ze gebeurtenissen vierden met popmuziek; daarna onderdrukte de Islamitische Republiek de zangers en zangeressen en legde hun het zwijgen op. Een stilte die nog steeds voortduurt met uitzondering dan van speciale concerten die alleen voor vrouwen toegankelijk zijn. Veel artiesten zijn toen uit Iran vertrokken om hun carrière voort te zetten, maar Gugush besloot te blijven en een stil leven te leiden samen met haar tweede man, de cineast Massud Kimiaee en sloeg alle aanbiedingen af die zij uit het buitenland kreeg om nieuwe platen op te nemen. Haar platen werden echter eindeloos opnieuw uitgebracht door de Iraanse platenlabels in Californië.

Iedereen weet dus precies wat er met Gugush was gebeurd en ze vereren haar als een levende legende, maar toen ik Marzieh ter sprake bracht, de diva van het klassieke Perzische lied, die door velen wordt vergeleken met Oum Kalsoum, de geweldige Egyptische zangeres van wie ik na mijn jaar als studente in Teheran verschillende platen had meegenomen naar huis (die in de loop der jaren zijn zoekgeraakt), reageerde niemand. Hetzelfde was me al eerder overkomen toen ik een van haar platen op de kop probeerde te tikken. Marzieh is taboe in Iran, niemand is bereid om over haar te praten, net zo min als over Salman Rushdie, hoewel om totaal andere redenen. Zij werd in 1962 geboren in Teheran als dochter van een geestelijke en een moeder uit een artiestengezin die haar altijd steunde. Ze slaagde erin om gerespecteerd en beroemd te worden als zangeres in een land waar fatsoenlijke vrouwen in huis zaten opgesloten. Toen ze aan de top van haar carrière zat, barstte de revolutie los en brak daarmee de stilte aan die vijftien jaar duurde, tot de artieste in 1994 het land verliet en zich aansloot bij de 'Nationale Verzetsraad', ook bekend als de Moedjahedien Khalq, geleid vanuit Irak door het echtpaar Rajavi, en benoemd werd tot erelid en adviseuse in artistieke kwesties van mevrouw Maryam Rajavi. Deze organisatie heeft gekozen voor een gewelddadige manier van oppositie voeren tegen het regime van de ayatollahs en heeft talrijke dodelijke aanslagen gepleegd. Onderhands heb ik verschillende platen weten te bemachtigen van zangers en zangeressen die ik interessant vind en van wie de meesten woonachtig zijn in de Verenigde Staten, maar niemand heeft me blij kunnen maken met ook maar een plaat van Marzieh. Van mijn kennissen heeft niemand over haar willen praten. Zelfs mijn vriendin Mitra met wie ik de kale en verlaten zone van de begraafplaats van Behesht-e Zahra bezocht heb waar de moedjahedien die door het regime geëxecuteerd zijn, begraven liggen, sprak heel voorzichtig over het onderwerp en toen kwam het woord terrorisme ter sprake. Toen ik een aantal van mijn communistische of ex-communistische kennissen ernaar vroeg, zeiden ze allemaal dat de Moedjahedien Khalq deel uitmaken van een linkse islamitische beweging en dat het uiteindelijk een stelletje fanatici zijn. Om het verlies van mijn platen te compenseren, gaf Mitra mij een cassette met muziek van Sattar, een jongen, en ze drukte me op het hart dat hij heel veel succes had omdat zijn stem ongelooflijk veel leek op die van Marzieh. Jongensstemmen ter compensatie van het verbod op vrouwenstemmen. Gewend om zoveel zaken te verdraaien, slagen Iraniërs er zo in om hun fantasie de vrije loop te laten bij kinderstemmen.

En terugkomend op de rijke Iraanse gemeenschap in de Verenigde Staten zei de Duitser dat deze mensen vast en zeker geld zouden investeren in hun land van oorsprong als de economie geliberaliseerd zou worden.

'Zelfs bepaalde sectoren van de bazaar die door speculatie rijk zijn geworden, wachten op een economische hervorming die de herinvestering van hun kapitaal begunstigt. Tot nu toe is dat onmogelijk door de macht van de *bonyad* of stichtingen die over veel sectoren een monopolistische positie hebben verworven,' bevestigt Reza.

Na de revolutie werden er stichtingen in het leven geroepen die tot doel hadden de in beslag genomen goederen te beheren, waarvan de bekendste de Bonyad-e Mostazafan va Janbazan is, oftewel de Stichting voor Arme Oorlogsinvaliden, diet tegenwoordig nog steeds gaat over zaken op economisch gebied zoals luchtlijnen, hotels en fabrieken, en die zelfs veertig procent van het bruto nationaal product controleert, volgens gegevens van de regering. Deze organisaties die bekend zijn om hun ondoorzichtigheid, zijn geen overheids-, niet eens semi-overheids-, maar quasi openbare instellingen, zoals Fariba Adelkhah in *Being Modern in Iran* beargumenteert. Ze genieten echter uitzonderlijke fiscale privileges en niemand waagt het om ze ter verantwoording te roepen, want ze beschikken over een sterke politieke lobby. Beschermd door de Gids van de Revolutie worden hun winsten gebruikt om hoogwaardigheidsbekleders, hun hoogste directieleden, waarvan de meesten ex-*pasdaran* zijn, te verrijken en ze hebben geheime fondsen waarmee ze de radicaalste groepen financieren, degenen die de islamitische orde pretenderen te handhaven en met intimiderende praktijken, de hezbollahs, die buiten de instituten en de veiligheidstroepen bewegen. Ook al worden ze ogenschijnlijk niet gecontroleerd door de regering, de leiders van deze stichtingen hebben nauwe banden met hoge staatsambtenaren, zodat deze hun continuïteit waarborgen en allemaal delen ze in hun enorme winsten. Ik herinner me dat een vriend in Isfahan me niet zo lang geleden vertelde dat een bepaalde financieel-economische NGO het rijkste instituut van het land was geworden, een kartel welks enige doel was om steeds meer financiële voordelen te verkrijgen via diverse commerciële bedrijven. Hij zei ook dat de werknemers van deze stichtingen een salaris krijgen dat overeenkomt met dat van regeringsfuncionarissen en dat hun levensstandaard te wensen overlaat. Het aantal werknemers en rijke directieleden ligt in deze organisaties echter veel hoger dan bij de overheid. In Iran, vertelde mijn vriendin, verdient een arbeider ongeveer 600 000 rial per maand, dat komt overeen met 85 euro, en een kilo lamsvlees kost rond de drie euro vijftig. De wasmachine met droger die in het huis staat waar ik verblijf en die van Iraanse makelij is, kost 1 200 000 rial, oftewel 170 euro, twee maandsalarissen, en een schotelantenne kost 2 000 000 rial, dus 275 euro, drieënhalf maandsalaris. De regering subsidieert de benzine en het brood die onder de kostprijs verkocht worden, en verstrekt bonboekjes aan families zodat ze bepaalde basisproducten voor het levensonderhoud onder de reguliere prijs kunnen kopen. Iran is een land dat leeft van de inkomsten uit de olie-industrie; de hele economie is dan ook afhankelijk van de olieprijs met als gevolg dat de staat de inkomsten verdeelt, wat leidt tot een nationalisatie en centralisatie van de industriële sector.

De Duitser, die het land goed kent, zegt dat de huidige president Khatami zich nauwelijks heeft geïnteresseerd voor de economie en dat de politieke liberalisering een verandering eist van het economische systeem, dat thans gebaseerd is op cliëntelisme. Deze verandering zou de privatisering van de industrie, de regulering van de stichtingen en het einde betekenen van de privileges en bevoorrechte posities die enkele sectoren van de bevolking genieten. Maar dan zou het ook afgelopen zijn met de staatssubsidies voor producten die behoren tot de eerste levensbehoeften en die het dagelijkse leven ontlasten van een verarmde bevolking, en dit soort maatregelens zijn moeilijk uit te voeren omdat ze zo impopulair zijn.

'Niemand wil zijn privileges kwijtraken,' zeg ik.

'Maar dat is de enige manier om te bewerkstelligen dat er kapitaal uit het buitenland binnenkomt en om rijke Iraniërs in hun eigen land te laten investeren. Vergeet bovendien niet dat die stichtingen de kleine zelfstandigen op de bazaars een oneerlijke concurrentie aandoen, want zij hoeven bijna geen belastingen te betalen omdat het liefdadigheidsinstellingen zijn,' zegt de Duitser, waarop hij meteen vervolgt, 'hoewel ze het op de bazaar ook klaarspelen om de belastingen te ontduiken... Er is geen belastingsysteem dat voor iedereen gelijk is; degenen die een bepaalde invloed en kennissen bij de regering hebben, praten over hun belastingen in een kantoortje, en in overeenstemming met de afspraken die ze hebben gemaakt, betalen ze meer of minder. Volgens de statistieken van 1991 betaalden alle werknemers samen evenveel als de handelaren van de bazaar, ondanks dat hun economische daadkracht veel groter is.'

Ik besef dat Reza geen zin heeft om de wending die het gesprek heeft genomen, te volgen. Hij zegt dat het al laat wordt en we besluiten het gesprek als beëindigd te beschouwen. De bazaar is uitgestorven, de straten eromheen ook. Reza brengt ons weg in zijn gammele auto; hij volgt de tactiek van doen alsof hij het niet breed heeft, ook al gaan de zaken goed. Eerst zet hij mij thuis af en vervolgens brengt hij zijn Duitse klanten naar het Abbasi-hotel waar ze verblijven.

In bed kan ik de slaap niet meteen vatten, omdat ik zoveel thee heb gedronken en nog lig na te denken over het gesprek. Ik herinner me ook de opmerkingen van de bekende Iraanse schilder en schrijver Parviz Kalantari, een kenner van de Iraanse diaspora in Amerika, die hij tegenover mij maakte. Hij vertelde dat er drie generaties Iraniërs in Amerika wonen. De eersten zijn de ouderen, mensen die in de Verenigde Staten aankwamen en in veel gevallen geld hadden, maar die ondanks dat een moeilijk leven hadden in het nieuwe land omdat ze niet deelnamen aan de arbeidsmarkt. Degenen die daarheen gingen, omdat hun kinderen zich daar hadden gevestigd, horen daar ook bij. Het zijn mensen die met moeite of helemaal geen Engels spreken en die zich dankzij de Iraanse zenders in Amerika weten te vermaken en niet depressief worden. Deze eerste generatie heeft zijn *hoviat*, zijn identiteit, verloren en leeft verzonken in nostalgie. De tweede generatie werkt en gedijt goed. Hun enige streven is te blijven werken en voor de kinderen te zorgen zodat die een goede opleiding hebben en het later kunnen gaan maken. De derde generatie die bestaat uit heel jonge mensen, krijgt de kans om te studeren en een goede baan te zoeken. Het zijn jongens en meisjes die in Amerika zijn geboren of daar als kleine kinderen heen kwamen en zij worden niet door een gevoel van nostalgie overmand. Deze nieuwe generatie heeft een variant op het Perzisch ontwikkeld met een nieuw accent en een nieuw vocabulaire dat doorspekt is met Engelse woorden, een soort spanglish, maar dan een Perzische versie. Deze vreemde taal is bedacht door een tweetalige generatie en is ook de taal van de Iraans-Amerikaanse rapmuziek.

In mijn sluimering moet ik ook denken aan een andere gemeenschap die meer dan duizend jaar geleden geëmigreerd is vanuit Iran en die nog steeds haar identiteit heeft weten te behouden. Dat is de gemeenschap van de Parsen die gevormd wordt door mensen uit de streken Fars of Pars en die vanuit Perzië naar Gujarat aan de kust van India uitweken toen de Arabieren Iran binnenvielen en het Sassanidische Rijk viel. Het waren zoroastriërs, vuuraanbidders, en hun Schepper Ahura Mazda, de Wijze, was het opperwezen van al hun goden. Aangezien zij zich niet wilden bekeren tot de godsdienst van de binnenvallende vijand, vluchtten zij.

Tijdens een van mijn reizen naar Yazd ontmoette ik toevallig in een eenvoudig theehuisje langs een secundaire weg waar ik gestopt was om uit te rusten, een Parsische vader en zoon uit Bombay die op weg waren naar Teheran om te onderhandelen over de eventuele bouw van een fabriek van jeeps en bussen van het merk Tata. Zij vertelden mij dat de Parsen nog steeds belangrijke financiële bijdragen leverden aan zoroastrische gemeenschappen in Iran, vooral aan de vuurtempel in Yazd. Ze spraken ook over de invloed die zij al vanaf het begin hebben op de bloeiende Indiase filmindustrie.

'Het waren ondernemende mensen,' vertelden ze, terwijl we thee dronken en witte kaas met brood aten dat nog warm was en net uit de oven kwam. 'Mensen die zich uit nieuwsgierigheid gingen bezighouden met de filmindustrie die toen nog in haar kinderschoenen stond, en die haar een fantastisch duw voorwaarts gaven. Naar het schijnt, verscheen er in 1896 een advertentie in de Indiase uitgave van de *Times* waarin werd gerept van "het wonder van de eeuw dat door de hele wereld wordt bewonderd", nadat een assistent van de gebroeders Lumière voor het eerst een cinematografisch spektakel had gepresenteerd in een bioscoop van Bombay. Een Pars met de naam Madan en die toneelliefhebber was, hoorde mensen praten over de eerste voorstelling en hij maakte zich warm voor de kwestie. Hij kocht een aantal projectors van Pathé en begon met de eerste filmvoorstellingen in kampeertenten die hij op verschillende strategische locaties in Calcutta had neergezet. Later zette dezelfde Madan een belangrijke bioscoopketen op met filmzalen in heel India, Ceylon en Birma, en schiep hij zijn eigen productiemaatschappij. Het was de tijd van de stomme film en Madan bood het publiek Indiase epische verhalen en romantische Perzische fantasieën, maar op een dag brandde zijn magazijn af en stortte zijn hele imperium in. Een andere Pars met een Iraanse achternaam nam toen het estafettestokje over en richtte het legendarische bedrijf Imperial Film Company op. Samen met Abdol-Hussein Sepanta die wordt beschouwd als de vader van de Iraanse cinema en die door de Zoroastrische Sociëteit was uitgenodigd om naar India te komen, begon deze man films in het Perzisch met Iraanse onderwerpen te produceren. Dus deed Iran vanaf het begin mee aan de ontwikkeling van de kracht van de Indiase filmindustrie, en nu nog hebben vooraanstaande leden van de Parsische gemeenschap in Bombay de studio's in handen in de stad die in de volksmond "Bollywood" wordt genoemd, en die het Mekka van de Amerikaanse filmindustrie naar de kroon steekt.'

Teherangeles, Bollywood... Ik realiseer me dat we het aan het begin van de avond in de grot van Ali Baba over Los Angeles hadden en dat ik over hetzelfde zat na te denken voor ik in slaap viel. Voor mijn bijna gesloten oogleden trekken de mannen en vrouwen voorbij die vanaf het begin van wat wij Geschiedenis met een hoofdletter noemen hun land hebben moeten achterlaten, de wegen van de ballingschap zaaiend met het spoor van hun geschiedenissen, deze stukjes leven die van elk mens een uniek wonder maakt.

9

KONINGINNEN EN
STIEFKINDEREN

In de grot van Ali Baba zijn drie Japanse vrouwen gearriveerd die worden begeleid door twee Iraanse mannen en een man met Aziatische gelaatstrekken die ik meteen identificeer als Afghaan. Een van de vrouwen, die Sachi heet, stelt zich voor en vertelt me dat ze op de Japanse ambassade in Teheran werkt. Het is een gracieuze, tactvolle jonge vrouw die Perzisch spreekt en die vergezeld wordt door haar moeder en een vriendin die naar Iran zijn gekomen om haar op te zoeken; samen maken ze van de gelegenheid gebruik om toeristische uitstapjes te maken. In de grot kennen ze haar al sinds een paar jaar, vertelt Reza, want altijd als ze naar Isfahan afreist, komt ze even langs.

De Iraanse mannen zijn gidsen. De stevigste is vanuit Teheran met hen meegereisd, de andere is de gids voor Isfahan die hen begeleidt gedurende de dagen dat ze in Isfahan zijn. Het is een knappe man, maar zijn gezicht heeft iets raadselachtigs en strengs. Het valt me op dat wanneer hij me begroet, hij me niet in mijn ogen kijkt; hij is nors, onvriendelijk en mager. In het licht van zijn onaardige gedrag bedenk ik dat hij misschien niet geïnteresseerd is in vrouwen. De andere gids daarentegen is een en al glimlach, ongedwongen en een beetje dik en hoewel hij niet praat, groet hij me hartelijk. De Afghaan zegt dat hij de chauffeur is; hij houdt zich op de achtergrond en geeft me geen hand, hij knikt alleen met zijn hoofd als begroeting.

De moeder en de vriendin van Sachi willen misschien tapijten uit Qom kopen. Deze stad die in het zuiden van Teheran ligt en bekend staat als een van de twee belangrijkste pelgrimsoorden van Iran en van de sjiitische wereld in het algemeen, heeft zich de laatste decennia gespecialiseerd in het knopen van zeer verfijnde zijden tapijten. De meest gewaardeerde zijn de *tar-o-put* die honderd procent zijde zijn: inslag, schering en de pool. Het resultaat is meestal een klein, vastgeknoopt tapijt en bijna tot op de inslag geschoren, daardoor kun je ze makkelijk vouwen en kreukelen als een zakdoek. Het is geen tapijt waar veel overheen kan worden gelopen; meestal worden ze op een tafel gelegd of als wandkleed opgehangen, het filigraan is zo fijn gelijnd dat het uit de verte eerder lijkt op een tekening die met een kroontjespen op papier is gemaakt dan op knopen op kettingdraad. De qomtapijten komen een voor een tevoorschijn. Hussein legt ze op de grond en vraagt om ze vanuit verschillende hoeken te bekijken zodat we kunnen zien hoe ze van kleur en glans veranderen, afhankelijk van de plek vanwaar ze worden bekeken. In het centrum zijn tuinen met bomen en vogels en ook arabesken en bloemen afgebeeld. Elk nieuw tapijt ontlokt ons een verbaasde kreet bij zoveel schoonheid, en het wonder wordt alsmaar groter.

'De prijs is hoog, boven de tweeduizend euro, want een zijden qomtapijt kan een miljoen knopen per vierkante meter hebben, en er zijn er zelfs met een nog hogere knoopdichtheid,' legt Reza uit. 'Er worden ook zijden tapijten in Zanjan gemaakt, maar dat zijn geen *tar-o-put*, maar alleen *tar*, want de schering is wel van zijde, maar de inslag, *put*, is van katoen, en ze zijn stijver dan die uit Qom. In tapijten uit Zanjan zie je meestal indigo, een kleur die de qomtapijten missen, en hun kleuren zijn overal het algemeen feller dan de kleuren die in Qom worden gebruikt. In Maragheh worden ook zijden tapijten geproduceerd, hoewel van een mindere kwaliteit.'

Terwijl hij praat, vraagt Reza ons naar deze wonderen te kijken en ze te voelen, en mijn vingers dansen over de zijden draden. Hij laat ons ook de kleden zien die de nomaden in het noorden van Khorasan, in het noordoosten van Iran, vervaardigen. Deze zijn veel minder verfijnd dan die we tot nu toe hebben gezien, en het is vreemd om tapijten van nomadenstammen te zien die uit honderd procent zijde, *tar-o-put*, bestaan, omdat deze volkeren meestal alleen met wol werken, een materiaal waar ze dankzij hun kuddes vrijelijk over kunnen beschikken. Zijde moeten ze kopen. Ze kopen het als het al chemisch geverfd is in levendige kleuren, sommige van die kleuren, zoals fuchsia en turkooizen komen niet eens in de natuur voor, en bij het zien van mijn verbazing legt Reza uit dat ze ze vooral uit commerciële overwegingen maken. Ze zijn heel buigzaam en aangezien ze niet heel kort worden geschoren, maar de pool alleen met een schaar wordt afgeknipt, ziet de afwerking er heel bijzonder en grof uit. De schering en de inslag kunnen van verschillende kleuren zijn, nomaden hechten nu eenmaal niet zoveel belang aan dat soort details, en de motieven die uit het hoofd worden gemaakt zonder een vast patroon, zijn kenmerkend voor kleden uit de Kaukasus.

Na een pauze waarin zoals gebruikelijk overvloedig thee wordt geschonken, keren we terug bij de tapijten uit Qom die de Japanse dames zo mooi vinden.

Plotseling komt er uit een stapel een exemplaar tevoorschijn dat breder is dan dat het lang is. In het midden zie je een landschap dat doorkruist wordt door een rivier waarlangs bloemen, riet en treurwilgen staan. In het intens hemelsblauwe water zwemmen elegante zwanen en eenden; vlakbij de bomen fladderen vlinders en op de takken zingen distelvinken, de zo geliefde Perzische *bul bul*, het hoogste lied. In de breedste randen dartelen damherten tussen struiken bloemen. Het is alsof in dit zijden paradijs alle geneugten samenkomen die al meer dan tweeduizend jaar in de Perzische ziel verankerd liggen. Ik kan niet met zekerheid zeggen dat dat de reden is waarom zij het sjiisme hebben omhelsd, maar ik weet wel dat juist deze tak van de islam als enige afbeeldingen van bomen, dieren en mensen toestaat.

Voor zo'n verfijnd schouwspel neem ik mijn petje af, mijn hoofddoek niet, want dat mag niet, en ik laat me meevoeren door een golf van sensaties, ver weg van al het gejakker om me heen. Ik ben zo in gedachten verzonken dat ik niet eens door heb dat er mensen bijgekomen zijn en dat we nu met zijn tienen naar deze prachtige lusthof kijken. Plots komt er nog een cadeau uit de hemel vallen: de gids van Isfahan begint een sereen lied te zingen, aangenaam gemoduleerd, met een stem die tegelijkertijd krachtig, zacht en diep klinkt. Zijn gezang omsluit ons en vult alle hoeken van de winkel die eens te meer veranderd is in een grot vol wonderen. In stilte maken we het ons gemakkelijker op de stapels tapijten. De zanger heeft plaatsgenomen in een stoel tegenover ons. Abbas geeft ons opnieuw een glaasje thee met een suikerklontje. Als hij bij mij staat en ik hem aankijk om hem te bedanken, zie ik dat zijn ogen op een speciale wijze glinsteren en met zijn blik wil hij me iets zeggen dat ik niet kan ontcijferen.

Het lied wordt eentonig en obsederend, ik sta al niet meer met beide benen op de grond. Mijn tapijt zweeft door het vertrek en mijn gedachten staan stil; een enorme rust neemt bezit van mij en ik word overweldigd door warme gevoelens voor deze onvriendelijke man die me dit goddelijke genot schenkt en die met zijn gezang ervoor zorgt dat ik me dichter voel bij iedereen die me omringt. Op dit soort momenten besef ik dat ik niet alleen door een antropologische nieuwsgierigheid naar verre landen gedreven word, maar ook door de noodzaak om te drinken van de wijsheid van de mensen die daar wonen, om te ontdekken wat zij weten en voelen, om deel te nemen aan wat onze immense wereld te bieden heeft, om te delen, te geven en te ontvangen. Alleen door de dingen te leren kennen, kun je er van houden voorbij de clichés, en om iets te leren kennen, moet je kunnen luisteren.

Plotseling wordt de monotone stem levendiger, de toon en het ritme veranderen en achter in de grot klinken ritmische slagen op. Ik draai me om om te zien waar het geluid vandaan komt: de Afghaanse chauffeur die de hele tijd ineengedoken heeft gezeten tussen de kussentjes heeft een houten krukje erbij gepakt en is het gezang met steeds meer overtuiging gaan begeleiden. De man die zingt volgt het ritme ook door met zijn nagels te tikken op de leuning van zijn stoel. Ik kijk naar Abbas en ik zie dat hij helemaal straalt. De drie Japanse vrouwen, teruggetrokken alsof ze aan het mediteren zijn, lijken wel porseleinen beeldjes. Als het gezang is afgelopen, klappen we allemaal. De zanger wordt rood en slaat zijn ogen neer uit schaamte, iets wat zo kenmerkend is voor de mensen hier. De man heet Behrus en hij vertelt ons dat het lied dat hij net gezongen heeft een slaapliedje is dat zijn oma altijd zong, in het Perzische gedeelte van Koerdistan, toen hij klein was. Alleen op dat moment fluistert Abbas, de meest verlegen jongen van de grot, een dorpsjongen die zelden met iemand praat en altijd lief naar me lacht als hij me ziet aankomen, me in mijn oor dat hij ook Koerd is en dat zijn moeder hem ook in slaap zong met dit liedje. Ik kijk hem in de ogen en ontdek eindelijk waarom hij op het punt staat om in tranen uit te barsten. Het verbaast me niets. Iraanse mannen huilen. Ik heb mijn vrienden zien huilen, mannen uit één stuk met lange baarden. Ik heb handelaren van de bazaar zien huilen, mannen die gehard waren door de wisselvalligheden van het leven, gewiekst in het zaken doen, maar die week worden, trillen of zich door hun gevoel laten meeslepen als iemand een gedicht voordraagt of een liefdeslied zingt. Ik zou Abbas, een zachte jongen van vijfentwintig en een meter negentig lang, nu kunnen troosten en lieve woordjes in zijn oor kunnen fluisteren, maar ik weet dat ik zijn hand niet mag aanraken om hem op een directere manier te laten merken dat ik zijn emotie begrijp; ik mag hem niet aanraken omdat ik een vrouw ben, hoewel ik zijn moeder zou kunnen zijn, misschien zelfs zijn oma. In Iran moet je mannen altijd op afstand houden, hoewel het volgens de wet is toegestaan dat meisjes op zeer jonge leeftijd trouwen. En Haji Baba zit in zijn stoel, altijd klaar om te controleren of alles wel gaat zoals het hoort. Ik hou mijn hand dus bij me en besluit ineens om de loftrompet over die geweldige zanger af te steken. Voor het eerst heeft hij me aangekeken en heeft hij naar me geglimlacht; zijn gezicht veranderde en hij was niet langer de lompe en slechtgehumeurde man die een paar uur geleden de grot was binnengekomen. De Japansen die zo te zien al op de hoogte waren van zijn zangtalenten, vragen hem meer liedjes te zingen, en Behrus geeft gehoor aan hun verzoek zonder dat ze erom moeten smeken. Niemand verroert zich, bang om het gezang te verstoren.

Naast mij is een man gaan zitten die net is binnengekomen en die aandachtig luistert met een glaasje dampende thee in zijn handen. Een ander lied vult de ruimte en daarna nog een, Behrus is een totaal ander mens geworden. Hij voelt zich zeker voor ons en heeft ervaring met optreden; hij neemt het applaus in ontvangst alsof hij een volleerd artiest is. Als ik hem vraag of hij gewend is om te zingen, antwoordt hij dat hij ten tijde van de sjah popzanger was en dat hij heel bekend was. Reza en Haji Baba bevestigen dat, Abbas, daarentegen, had nog nooit van hem gehoord, toen Behrus zong, was hij nog niet geboren. Net als voor de rest van de zangers brak er voor Behrus ook een tijd van stilte aan met de komst van Khomeini en moest hij van beroep veranderen. Nu het mannen weer is toegestaan om in het openbaar te zingen, voelt hij zich niet in staat om opnieuw te beginnen, zegt hij. Twintig jaar lang heeft hij alleen nog voor zijn familie en vrienden in de privé-sfeer gezongen en daar wil hij het bij laten. Hij zegt het zo bedroefd dat je kunt merken dat deze man van binnen kapot is. Je kunt zien dat hij zonder de bewondering en het applaus van zijn bewonderaars niet gelukkig kan zijn, en dat hij na twintig ongelukkige jaren zwelgt in de wanhoop die je kunt aflezen aan de rimpels in zijn gezicht en aan zijn troebele ogen die een en al verdriet uitstralen.

De man die naast me was komen zitten, blijkt een Bask te zijn die alleen op reis is en die de grot is binnengewandeld toen hij het gezang buiten hoorde, om bij ons te komen zitten en te luisteren. Het was voor hem een verrassing om mij hier tegen te komen en ik vraag hem nog even te blijven. Hij reist al een jaar alleen door Iran. Aangezien het lunchtijd is en Hussein niet wil dat er een einde aan de bijeenkomst komt, nodigt hij iedereen uit om te blijven eten in de patio en stuurt hij Abbas erop uit om *khormeh sabzi* te halen, een Iraans gerecht van rijst, groente en vlees.

In de patio is de tafel gedekt en staan de stoelen klaar. De moerbeiboom laat zijn gesnoeide schaduw op de grond en de muren vallen. Boven ons de hemel met die diepblauwe kleur die zo typisch Perzisch is, en de turkooizen koepel van de moskee, zoals altijd geflankeerd door de twee minaretten, is zichtbaar boven de lemen muur. Als we aan tafel gaan, kun je nog steeds de handwerkslieden het koper horen bewerken. Nog even en ze leggen hun hamers weg om te eten of om een middagdutje te doen. Ook hoor je de drukte van auto's en motoren die rijden in de *sarai* en door de omliggende straatjes. Het gejakker loopt nooit uit tot een chaos, niemand windt zich op, hoffelijkheid en beheersing bepalen het sociale toneel. Nadat ik Reza gevraagd heb of hij het goed vindt dat ik mijn vriendin Maryam uitnodig, ren ik naar de telefoon om haar op te bellen. Ik ben ervan overtuigd dat zij maar al te graag van de partij wil zijn bij dit festijn dat totaal onverwachts georganiseerd is. Aangezien haar kinderen op school zitten en haar man niet thuis komt eten, kan ze zonder problemen van huis.

Onder de moerbeiboom dienen Abbas en Said het eten op. Zij hebben ook de tafel gedekt en het eten gehaald, en zij zullen ook degenen zijn die straks zullen afwassen. Vanaf het begin heb ik aangeboden om mee te helpen met dit soort huishoudelijke taken. Ik vind het niet erg om thee te schenken aan de bezoekers, ik vind het eigenlijk juist leuk, omdat ik dan meer het gevoel heb dat ik ben opgenomen in de kring, en aan tafeldekken, afruimen en afwassen heb ik ook geen hekel. Ik moet bekennen dat ik niet meer heb bereikt dan dat ik thee mag inschenken en het brood of de lepels op tafel mag leggen. De jongens van 'Ali Baba's team' vinden het grappig en dit soort kleine dingetjes geven mij de kans om met hen te praten en hun vertrouwen te winnen. Naar wat ik heb gezien, doen de meeste Iraanse vrouwen thuis veel, maar zodra ze buitenshuis zijn, gedragen ze zich alsof ze van koninklijken bloede zijn. Als een koningin werd Fatima, en ik met haar, behandeld door haar man toen deze ons mee op excursie nam naar Chahar Mahal-va Bakthiyari. Als koninginnen zitten alle vrouwen die door hun man of zonen naar een pizzeria in Isfahan worden vergezeld, te wachten aan een tafel, met hun hoofddoek en chador om, terwijl de mannen in de rij gaan staan om eten te bestellen, af te rekenen en de gerechten af te halen. Eerlijk gezegd is het vreselijk moeilijk met een chador een dienblad te dragen zonder dat de beker cola valt, of nog erger, zonder dat de sluier afglijdt. Natuurlijk is het altijd nog beter als de beker cola valt, dan dat je chador op de grond ligt en alle mannen naar je kijken. Om problemen te voorkomen kunnen vrouwen die een chador dragen in de praktijk niet alleen naar een pizzeria, ze hebben immers hulp nodig van een kamerdienaar.

Dan arriveert Maryam die geen sluier maar een hoofddoek van Chanel draagt, ongetwijfeld namaak en gekocht op het eiland van Kish. Ze knipoogt naar me en meteen wordt ze overladen met begroetingen en de geijkte beleefdheidsfrases.

Uiterst discreet, met haar ogen neergeslagen, stelt ze zich voor aan Haji Baba en Reza alsof ze een dode vlieg is. Het is echter een bruisende en leuke vrouw als ze thuis is met haar gezin en vrienden en als ze alleen met mij is. Hier in de grot van Ali Baba, een mannenwereld, werken de mannen, koken ze, bedienen ze, maken ze schoon en zijn de vrouwen de gasten, zolang we ons weten te gedragen. Ik heb bijvoorbeeld altijd mijn hoofddoek om en mijn jas aan; het komt nooit in me op die af of uit te doen, ook al zouden de deuren van de grot gesloten zijn en kon geen enkele autoriteit naar binnen komen, want als ik dat wel deed, dan zou de betovering verbroken worden en zou mijn persoon van de geachte gast veranderen in die van een nieuwsgierige antropologe die met een schrift in haar hand de autochtone bevolking beoordeelt vanuit de betwistbare ivoren toren van haar kennis en haar cultuur.

Na gesmuld te hebben van een overheerlijke *khormeh sabzi* met een lepel en een vork, maar zonder mes, zoals alle Iraniërs eten, vragen we Behrus of hij weer wil zingen of dat hij een paar van zijn gedichten voordraagt. Tijdens het eten heeft hij verteld dat hij ook dichter is en dat hij vlucht in de poëzie om het gevoel van eenzaamheid dat hij als artiest heeft, draagbaar te maken.

Het gehamer van de ambachtslieden is al niet meer te horen, en als we zwijgen, zijn we gehuld in de stilte die zo kenmerkend is voor het begin van de middag in Isfahan. Alleen de vogels die in onze moerbeiboom leven, zingen. Hassan maakt gebruik van het moment om zijn rozenstruiken water te geven, en het straaltje water dat uit de groene tuinslang komt, vormt een spectrum van alle kleuren: het water en de zon schenken ons een kleine regenboog. Haji Baba kijkt, zoals altijd, onaangedaan naar wat er gebeurt, alsof hij al in een andere wereld is, of hetgeen hij ziet, zich op een filmdoek afspeelt: zolang niets de orde waaraan hij gewend is, verstoort, heeft hij rustig zijn grot onder controle, in de *sarai*, de bazaar van de stad Isfahan in het oude land van Iran. Behrus zingt twee moderne liedjes achter elkaar. *Az zaman-e shah*, ten tijde van de sjah, lispelt Haji Baba terwijl hij zijn grijze wenkbrauw oplicht om me aan te kunnen kijken zonder dat hij zijn hoofd hoeft te bewegen. De liedjes zijn bekend, zelfs de jongeren kennen ze, wat maar weer bewijst hoe beroemd Behrus was. Daarna, en nadat ik er erg op heb aangedrongen – drie keer moet iemand je om iets vragen, drie keer moet je een uitnodiging afslaan, altijd drie keer... –, opent de man zijn agenda en kondigt hij aan dat hij een van zijn laatste gedichten zal voorlezen. Zijn stem is diep, fluweelzacht, zijn uitspraak perfect en het Perzisch is een taal voor poëzie. Ik zou uren naar hem kunnen luisteren, hoewel veel woorden me ontsnappen omdat mijn woordenschat niet groot genoeg is. Zijn verzen spreken over wanhoop, eenzaamheid, voorbije genoegens en het onmogelijke verlangen om opnieuw zijn jeugd, ook al is het maar een moment, intens te beleven.

Als iedereen weg is – Reza en de Japansen met hun gidsen naar het binnenste van de grot om daar te onderhandelen over de uiteindelijke prijs van de kleden, Javier, de Bask, weer op pad, de jongens aan het werk, Haji Baba zoals altijd naar zijn stoel en Maryam de kinderen van school halen – blijf ik achter in de patio om een beetje in mijn eentje te mediteren onder het geluid van de drukte van de bazaar die al weer ontwaakt is uit zijn siësta. De doffe klappen uit een kleine stofdrukkerij op het aangrenzende terras vermengen zich met het scherpe geluid van een hamerslag op metaal. De lemen muren en de lucht van Isfahan beschermen me, de koepel waakt over me en ik zie dat achter het raam Abbas, verstrooid, de borden afwast in de keuken. Alles is zoals het hoort. Ik leun met mijn stoel achterover zodat de rugleuning en mijn rug leunen tegen de boomstam en ik sluit mijn ogen.

Mijn gedachten voeren naar Maryam, mijn goede vriendin, die net is weggegaan om haar dochter van school te halen, nadat ze gezellig een paar uur met ons heeft doorge-bracht. Mijn verblijf in Isfahan is belangrijk voor haar ge-weest omdat mijn aanwezigheid in haar huis haar leven voor een tijdje heeft veranderd. Haar man vindt het fantastisch dat zij met mij meegaat als ik de toeristische bezienswaardighe-den van de stad ga bekijken of als ik een etentje bij vrienden heb. Hij is blij, omdat hij bij zijn thuiskomst zijn vrouw geluk-kig aantreft die bovendien staat te popelen om hem te vertel-len wat ze die dag heeft meegemaakt. Ik denk ook aan Anahi-ta, de vrouw van een arts, die ik een paar weken geleden heb leren kennen, vlak nadat ik naar Isfahan was gekomen. Een kennis had me haar telefoonnummer gegeven en ik heb haar gebeld. Ze kwam meteen met haar man naar de grot om ken-nis met me te maken en om me bij haar thuis uit te nodigen voor het eten. Ze moet ongeveer veertig jaar zijn en gaat hele-maal in het zwart gekleed, zoals veel vrouwen in Iran, zonder ook maar één andere kleur. Al tijdens de eerste ontmoeting ontdek ik dat boeken haar enige toevlucht zijn. Het echtpaar heeft een verdieping van honderd vierkante meter met een grote huiskamer, een Amerikaanse keuken en twee slaapka-mers. Ze hebben twee kinderen, een meisje in de tienerleeftijd en een klein jongetje. Haar man is het grootste gedeelte van de dag het huis uit, omdat hij als dienstdoende arts in een zie-kenhuis werkt en daarnaast spreekuur voor particulieren heeft. Ik zie haar dan ook altijd alleen. Haar huis wordt gedo-mineerd door een muur met boekenkasten waar de romans uitpuilen, Perzische vertalingen van boeken die bekend en minder bekend zijn in Europa, van klassiekers tot moderne boeken. Ze leest het liefst Zuid-Amerikaanse schrijvers en ze laat ze me trots zien, van García Márquez tot Vargas Llosa, Cortázar en ook een schrijver die op dit moment heel erg in is en wiens boeken overal in de etalage liggen: Paulo Coelho.

In haar huis ontvangt ze me schitterend uitgedost. Haar haar hangt los en ze heeft een prachtige bos golvend haar. Ze heeft zwarte kleren aan die hier en daar doorzichtig zijn: een hemdje met schouderbandjes en een diep decolleté met daar overheen een kanten blouse en eronder een bijpassende satijnen broek. De dag dat ik haar leerde kennen in de grot, leek ze me met haar hoofddoek en jas geen mooie vrouw: nu lijkt ze een gedaanteverwisseling te hebben ondergaan en zonder het islamitische uniform ziet ze er aantrekkelijk uit. In huis is alles toegestaan: in de intimiteit schuilt het genoegen, in je privé-leven kun je je laten zien zoals je bent, en zij heeft ter ere van mij haar mooiste kleren aangetrokken. De eerste keer bezoek ik haar met Maryam en de sfeer is gespannen, omdat Anahita al snel duidelijk maakt dat Maryam de vrouw is van een *bazari*, een handelaar in de bazaar, en dat zulke vrouwen niet ontwikkeld zijn en bijna nooit iets hebben gelezen, en ze voegt er met zoveel woorden aan toe dat ze zich wel zal vervelen bij zo'n afspraak als deze. Maryam, die rustig en zeker van zichzelf is, en weet hoezeer ik haar waardeer, laat zich niet van haar stuk brengen.

Anahita loopt me na en ik merk dat ze het alleenrecht op mij wil hebben. Ik realiseer me dat ik voor haar een lichtstraal ben, een contact met de buitenwereld, een manier om te vluchten uit het korset dat haar gevangen houdt in het klooster. Terwijl ze toch drie uur per dag als tandarts werkt, voelt ze zich desondanks opgesloten hoewel ze dat niet echt zegt. Geen enkele keer heeft ze zich laten gaan en kritiek geuit op haar land of op het regime, misschien omdat ze er geen slecht beeld van wil geven, misschien omdat het in Iran soms moeilijk is om het punt te bereiken dat je echt zegt wat je denkt, misschien omdat ze weet dat ik bij een *bazari*-familie logeer en *bazari*'s staan erom bekend dat zij heel religieus zijn, en daarom moet je voorzichtig zijn met wat je zegt. Anahita leeft dankzij haar literaire fantasieën die haar in staat stellen om verder te vliegen dan de gesloten samenleving van Isfahan haar toestaat. Ze voedt haar kinderen zo op dat ze weten wat de grote wereld, niet de kleine, te bieden heeft en wat er daar wordt gezegd, en ze koopt of leent alle kinderboeken die haar interessant lijken, zelfs de eerste drie delen van Harry Potter, die Iraanse kinderen net zo goed verslinden als kinderen in andere landen, en ze heeft me aangeraden om ze cadeau te geven aan Maryam zodat zij en haar gezin ze ook kunnen lezen. Anahita doet aan zieltjeswinnerij en snapt niet hoe je zonder boeken kunt leven. Aangezien boeken duur zijn en haar man niet zoveel verdient, en zij helemaal weinig inbrengt, zegt ze dat ze vooral boeken leest die ze leent van de boekwinkels in het winkelcentrum tegenover het Abbasi-hotel. Ik ga regelmatig naar de boekhandels van dit winkelcentrum, en voor Anahita me erop wees, wist ik niet dat ze zowel boeken verkopen als uitlenen. Dat lijkt me heel belangrijk werk in een land als Iran waar de cultuur beheerst wordt door het geloof en waar bibliotheken geleid worden door regeringsambtenaren of door een religieuze autoriteit, wat op hetzelfde neerkomt. Soms wanneer ik tussen de boekenkasten van een van die winkels loop, zie ik Anahita voorbijkomen, geobsedeerd heen en weer lopend met boeken onder haar arm, boeken die haar een beetje vrijheid garanderen, en ik zie haar als een zwarte fee die met haar toverstaf de bekrompen muren van de wereld die haar per toeval ten deel is gevallen, vult met fantasieën. In de etalages van de boekenzaken liggen de gedichtenbundels van de bekendste Perzische dichters uit de twintigste eeuw: Forough Farrokhzad, Sohrab Sepehri en Ahmad Shamlu. Ik zie ook een kaft met Che Guevara en de bestseller van dat moment: *De herinneringen van Khalkhali*, de beul van het regime.

Zeynab, doctor in de geschiedenis, specialiste in Al-Andalus en professor aan de Al-Zahra Universiteit van Teheran, heb ik leren kennen op het Islamitische Onderzoekscentrum Imam Amir Al-Mu'minin in Isfahan. Om vanuit het huis naar de bazaar te lopen, pak ik bijna alle dagen de Abad Ahmad

Avenue die uitkomt op het grote plein van Naqsh-e Jahan, en het was me opgevallen dat er een nieuw gebouw staat dat is versierd met mozaïek en is omgeven door tuinen vol bloemen waar groepen studenten met boeken en hun fietsen lopen. In de tuinen zie je alleen jongens. Op een dag vraag ik uit nieuwsgierigheid aan een groep studenten om wat voor instituut het gaat, en of ik er ook naar binnen kan. De jongens, allemaal erg aardig, leggen me uit dat het gaat om een islamitisch onderzoekscentrum en ze wijzen me een zijpad aan, en zeggen dat vrouwen via dat pad naar binnen kunnen. De weg loopt achter het gebouw langs en komt uit op een trap die leidt naar een kleine deur. Daarachter zitten in een zaal vol tafels en stoelen meisjes te lezen en te studeren, maar ze kijken allemaal tegelijk op als ik binnenkom. Misschien zijn het vijftig studentes, allen met een *maqnaeh* en chador. Achter een balie gebaren twee bibliothecaressen dat ik dichterbij moet komen. Ik weet niet wat ik tegen ze moet zeggen, ik ben hier niet bekend; ik heb alleen gezien dat het een gebouw is met een moderne architectuur dat met veel financiële middelen is gebouwd, waaruit elke dag studenten naar buiten komen die gekleed gaan volgens de Iraanse kledingstijl van na de revolutie: een overhemd dat tot op de laatste knoop dicht is en een baardje van twee dagen. Ik stel me voor als een schrijfster uit Barcelona en dat ik een tijdje in Isfahan verblijf met de bedoeling een boek over Iran te schrijven. Onmiddellijk wordt iedereen op de hoogte gesteld en komen alle bibliothecaressen en de directrice van de bibliotheek me uitbundig begroeten. Zelfs de ayatollah en stichter van het instituut wordt ingelicht over mijn aanwezigheid en hij laat me weten dat ik welkom ben. Het gaat om het Islamitische Onderzoekscentrum Imam Amir Al-Mu'minin Ali vertellen ze en het is opgericht en wordt geleid door ayatollah Al-Lamah Haji Seyyed Kamal Faqih Emem, een man met een verzorgde witte baard, een hoornen bril en een zwarte tulband, zoals ik op een foto kan zien. Ze laten me achter de balie komen, een plek waar de studentes niet mogen komen, en ze laten me de enorme ruimte zien waar de boeken worden bewaard, althans een deel ervan, de rest staat in het gedeelte waar alleen de mannelijke sekse mag komen. Een brede trap verbindt het souterrain, waar wij ons bevinden, met de begane grond en de twee bovenste verdiepingen. Ze laten me rondsnuffelen tussen rijen boeken, de meeste in het Perzisch of Arabisch, maar ook Engelse en Franse, vooral encyclopedieën, biologie- en scheikundeboeken en een paar romans uit de klassieke Europese literatuur. Ze schenken me een boek in het Spaans dat door het centrum is uitgebracht met de titel: *Un ramo de flores del jardín de las tradiciones del Profeta Ahlul Bait.* Het is een verzamelbundel, samengesteld door de directeur van het centrum, van de uitspraken van de sjiitische imams over het huwelijk, echtscheiding, handelsbetrekkingen, kameraadschap en andere aspecten van intermenselijke relaties.

Bij de uitgang vragen een paar meisjes die in de studiezaal zaten, of ik een aantal vragen kan beantwoorden, en met hun potlood en notitieblok in de hand schrijven ze op wat ik zeg. Na een tijdje vormen we een grote groep die in het achterste gedeelte van de tuin aan het discussiëren is. De vragenstelsters zijn studentes en allemaal dragen ze een chador over de *maqnaeh,* het nonnenkapje: niet een draagt alleen een hoofddoek en een jas, zoals ik. Ze willen weten wat ik denk over de rol van de vrouw in de schoot van het gezin en van de samenleving. Ik geef zo goed als ik kan antwoord, en de bijeenkomst verandert in een rustig gesprek, bijna in een les. Aangezien ik een stuk ouder ben dan zij, behandelen ze me met heel veel respect en luisteren ze aandachtig naar wat ik te vertellen heb. Ik merk dat alles wat betrekking heeft op de vrouw en haar rol in de samenleving hen uitermate boeit, dat er onder islamitische vrouwen, en dat zijn zij, een grote belangstelling is om te discussiëren over hun rol en om die te omschrijven, een rol die voor de revolutie weer actief werd en die sindsdien zo is gebleven. Het zijn vrouwen die op zoek zijn naar een nieuw rolmodel dat anders is dan de westerse wereld voorstelt, een rol die zich in harmonie met de islamitische samenleving ontwikkelt. Ali Shariati en ayatollah Motahari zijn nog steeds de theoretici waarop dit model van de vrouw is gebaseerd, en deze meisjes verwijzen naar hun geschriften net zoals mijn studiegenoten bijna dertig jaar geleden deden toen ik in Teheran studeerde en niemand nog sprak over de revolutie die echter wel steeds dichterbij kwam. Maar nu is de situatie veranderd: de vrouwen die om mij heen zitten, zijn niet meer de jonge aanhangsters van links van toen die hun actie baseerden op een afwijzing van het Westen; nu concentreert het debat zich op het analyseren van de oorspronkelijke geest van de islamitische religie om zo te komen tot een theoretisering die ter verdediging is van de rechten van de vrouw die behoorlijk zijn verminderd in de nieuwe wetgevingen. Er is een verlangen naar het debat en in deze discussie is er ruimte voor de vrouwen in de huidige Iraanse samenleving, net zoals voor de jongeren. De islamitische vrouwen gaan uit van de acceptatie dat beide seksen elkaar aanvullen in de schoot van de familie: de man moet het gezin onderhouden en de vrouw moet zorgen voor het huis en de kinderen, maar ze accepteren niet de ongelijkheid voor het burger- en het strafrecht. In Iran is er sprake van een achteruitgang wat betreft de rechten van de vrouw, niet alleen sinds de tijd van de sjahs, maar ook vanaf de jaren '90: tegenwoordig is polygamie toegestaan, het zogenaamde tijdelijke huwelijk is weer in ere hersteld, de vrouw moet aantonen dat de man niet in staat is om het gezin te onderhouden of moet met andere bewijzen komen die in de wet zijn beschouwd om een echtscheiding te krijgen, terwijl de man haar zonder reden kan verstoten, en de voogdij over de kinderen valt weer onder de man zodra de zoon twee en de dochter negen jaar wordt. Bovendien is de leeftijd van de burgerrechterlijke en strafrechtelijke verantwoordelijkheid voor vrouwen verlaagd tot negen jaar terwijl mannen op vijftienjarige leeftijd als meerderjarigen worden beschouwd. Dus een meisje van negen wordt al als volwassene beschouwd, maar aan de andere kant moet ze altijd toestemming aan haar vader of man vragen om haar paspoort aan te kunnen vragen. Wat betreft erfenissen en het huwelijk is de vrouw de helft van de man waard.

We zijn volop aan het discussiëren en er blijven steeds minder meisjes achter in de studiezaal, als er een vrouw naar buiten komt om te zien wat er aan de hand is. Ze zegt dat ze professor aan de Al-Zahra Universiteit van Teheran is. Ze is naar dit centrum gekomen om een aantal gegevens te zoeken voor een onderzoek dat ze bijna aan het afronden is. Ik breng haar op de hoogte van het gesprek dat we hebben en ze vertelt me dat sinds de vrouwen massaal tot de universiteiten en religieuze scholen zijn toegetreden, ze de nodige middelen hebben verkregen om te kunnen discussiëren en om een andere interpretatie van de *fiq* aan te dragen. Nu zijn er vrouwen die gespecialiseerd zijn in de wetten van de koran die hetzelfde niveau hebben als de mannelijke autoriteiten op dat gebied, en die onophoudelijk zoeken naar argumenten om de wetten te veranderen. In Iran worden dingen bereikt door te discussiëren, hoewel dat een lange en moeilijke weg is, zegt ze. Ikzelf heb gemerkt dat deze meisjes heel goed kunnen luisteren en dat ze bereid zijn om verder te gaan dan de beschouwingen die ze op de religieuze scholen te horen krijgen. Ik volhard in de gelijkheid voor het burger- en strafrecht en voor gelijke kansen op de arbeidsmarkt, zodat zij economisch onafhankelijk kunnen zijn. Ze vragen me of ik de islamitische sluier noodzakelijk vind voor het goed functioneren van een samenleving, en bij zo'n naïeve probleemstelling vrees ik dat ze me in het ootje nemen. Tegenover de twijfel vertel ik ze hoe onze familie functioneert, een normale familie, ongetwijfeld net zo normaal als die van hen, een familie waarvan de vrouwen pas twee generaties geleden gestopt zijn met het dragen van een hoofddoek. Mijn oma uit Burgos heeft hem haar hele leven gedragen, een zwarte hoofddoek die ik me nog kan herinneren. Als ik dat aan Zeynab vertel, zegt ze:

'De chador staat me toe te discussiëren met mannen op hetzelfde niveau: met een hoofddoek om telt alleen het verstand, zonder andere afleidingen.'

De meisjes die aantekeningen maken, vertellen me dat ze een tijdschrift voor vrouwen publiceren dat rondgaat in de studentenkringen van Isfahan en dat ze het interview met mij daarin zullen opnemen. Voordat ik wegga, vraag ik of ik een foto mag maken waar ik samen met hen opsta, maar dat vinden ze niet goed. Dat is de eerste keer dat me dat overkomt. Zeynab geeft me een visitekaartje waarop staat: Doctor in de geschiedenis. Ze staat me een interview in Teheran toe, een ontmoeting die ik zal moeten uitstellen tot een volgende reis naar Iran vanwege tijdgebrek.

De studenten gaan samen met Zeynab het gebouw in, en als ik door de tuin loop in de richting van het hek, komt er een meisje op me af en haar gratie frappeert me. Nog nooit heb ik zo'n elegant islamitisch model gezien, noch een meisje dat gehuld in een kapje en chador zo aantrekkelijk is. Ze heeft een marineblauwe broek aan van perfecte snit, met dunne krijtstreepjes en een getailleerde jas met slippen; ze draagt een donkerblauwe marokijnleren rijglaars met een klein hakje en op haar hoofd een lazuren *maqnaeh*, het nonnenkapje, die afsteekt bij het donkerkleurige pak met krijtstreep en de zwarte chador van Chinese crêpe. Het meisje is vreselijk knap en ze heeft zich zo aangekleed dat onder haar mantel de getailleerdheid van het pak nog zichtbaar is. Ik kijk naar de jongens met hun baardjes die met hun fietsen via de andere poort de tuin uitlopen en ik zie er geen een die tegen haar is opgewassen. Ze kijkt me recht in mijn ogen aan en stelt zich voor. Dit meisje is erg zelfbewust, denk ik meteen. Ze studeert rechten aan de universiteit en komt uit een religieuze familie uit Isfahan die belangrijke geestelijken heeft geleverd aan de *madresses* van de stad. Ze vertelt dat in Iran vrouwen geen rechter kunnen worden en dat zij knokt om dat toch voor elkaar te krijgen. Ik complimenteer haar van ganser harte, en ik weet dat zij gebruik zal maken van alles wat ze tot haar beschikking heeft om dat te bereiken: een invloedrijke familie, een goede opleiding, een moeder die ook een goede opleiding heeft en die haar steunt. Ik neem afscheid van haar en ik wens haar toe dat haar schaduw groot zal worden en nooit zal afnemen. Ze kijkt me verrast aan, lacht ondeugend naar me en loopt majesteitelijk terug naar waar ze vandaan kwam.

Ik zit nog steeds in mijn stoel die tegen de stam van de moerbeiboom leunt. Abbas is niet meer achter het raam te zien; hij is vast klaar met afwassen en zal zoals altijd boven tapijten aan het uitleggen en opvouwen zijn. Alles is rustig en in orde zoals Haji Baba zou zeggen. Ik laat mijn blik even rusten op de fiets tegen de lemen muur en sluit dan opnieuw mijn ogen om aan mijn vriendin Mitra te denken, zij was een paar weken geleden met me meegegaan naar de begraafplaats in Teheran. Ik vind haar naam erg mooi. Hij komt uit de zoroastrische mythologie, net als Anahita. Als je hier iemands naam kent, dan kun je daaruit afleiden uit wat voor familie hij of zij komt, of de persoon gelovig is of niet, of hij verbonden is aan de islam of het tegenovergestelde, een bewonderaar van de eeuwenoude Perzische cultuur. In de tijd van Pahlavi raakten in de Iraanse middenklasse namen in de mode van oude Perzische koningen zoals Shapur en Dariush, van goden en godinnen van het zoroastrische pantheon, zoals Mitra en Anahita, en van de helden uit het Shahnameh, het epische gedicht van Ferdosi, zoals Rustam. Na de revolutie vond men deze namen ongepast en overheersten vooral namen van sjiitische imams zoals Ali en Hussein...

Terugkomend op Mitra: het is een moderne vrouw die in Noord-Teheran woont, in een huis dat na de revolutie is gebouwd en de nieuwste snufjes bevat. Ze is de tweede vrouw van een gescheiden Iraniër, een ingenieur, die gestudeerd heeft in Europa en die in verschillende delen van de wereld zaken doet. Het stel heeft geen kinderen, hoewel er wel kinderen zijn uit het eerdere huwelijk van de man die al getrouwd zijn en kleine kinderen hebben. Mitra was een linkse studente geweest en was een aantal jaren voor de oorlog stewardess. Het is een verfijnde vrouw met een voortreffelijke smaak, die afkomstig is uit een hoger opgeleide en ontwikkelde familie. Een aantal familieleden woont in het buitenland en zij gaat regelmatig bij ze op bezoek of ze vergezelt haar man op zijn zakenreizen. Ik denk dat ze geluk heeft gehad dat ze deze man heeft ontmoet die ouder is dan zij, belezen, tolerant en extravert, die verschillende talen vloeiend spreekt, wiens zaken goed lopen en die bovendien weet te genieten van het leven. Hij heeft in Teheran een perfect, in westerse stijl ingericht kantoor dat tot in de puntjes is afgewerkt en waar het personeel, zowel mannen als vrouwen, net zo gekleed gaat als de werknemers van elk willekeurig modern kantoor in Europa. Mitra houdt erg van kunst en heeft veel vrienden die kunstenaar zijn voor wie zij besloot een galerie te openen toen ze ging trouwen en stopte met haar werk voor een belangrijke Iraanse onderneming. Ze organiseert tentoonstellingen voor gevestigde kunstenaars en aankomende talenten, schilders zowel als beeldhouwers, en ze heeft een aanzienlijke verzameling.

Wat een idyllisch portret lijkt van een echtpaar met een groot maatschappelijk aanzien, heeft ook zijn belemmeringen: Mitra moet veel moeite doen om een eigen leven te leiden dat ook nog kan samengaan met haar rol als echtgenote. Haar man, die gek op haar is, beschouwt haar werk als de hobby van een verwend meisje, maar zij moet er hard voor knokken om een plaatsje te bereiken tussen de professionals in die branche, iets wat helemaal niet makkelijk is als je bedenkt dat Mitra niet behoort tot de groep mensen die het voor het zeggen heeft in musea of de officiële instituten, noch een martelaar, een *Basiji* of een ayatollah in de familie heeft.

Een paar dagen geleden nodigde Mitra me uit voor een diner dat ze ter ère van mij bij haar thuis in Teheran had georganiseerd, en zonder er lang over na te denken, pakte ik het vliegtuig en ging ik er een nachtje naar toe. In haar huis van drie of vier etages met een raam op de onderste verdieping dat een indrukwekkend uitzicht biedt over de hoofdstad – de stad ligt letterlijk aan de voeten van het huis – had ze een buffet opgesteld en drie tafels voor acht personen, alledrie op een andere etage. Alles in dat huis had iets chics: van de antieke meubelen tot en met de tapijten die met veel zorg waren uitgekozen op hun kwaliteit en hun exclusieve ontwerpen, en alles daartussen in, zoals de schilderijen aan de muur. Er hingen doeken van Sohrab Sepehri, de bekende en geliefde Iraanse dichter en schilder die een paar jaar geleden is overleden, en van Iran Darrudi, een kunstenaar die al ten tijde van het oude regime in aanzien stond en die heel erg gewaardeerd werd door Farah Diba. Aan een wand hingen de ingelijste huwelijkscontracten van vele familiegeneraties. Aan een andere sepia foto's van zijn grootouders en overgrootouders in ovalen lijsten, gekleed zoals een willekeurige Europese familie van stand. Aan weer een andere muur hing een collectie van buitengewoon mooie kalligrafieën. In de hoeken en aan de voet van de trappen die naar een hogere verdieping leidden, stonden moderne sculpturen van gerecycleerd ijzer van de beeldhouwer Jazeh Tabatabai en van anderen van wie ik de namen niet kende.

Het diner werd bijgewoond door vrienden van het echtpaar, industriëlen, wetenschappers, schrijvers, een plastisch chirurg en enkele kunstenaars. Ik zat aan tafel met Mitra, een computerexpert met een extravagante, lange baard die zes maanden per jaar in Silicon Valley en zes maanden per jaar in Iran werkt; zijn vrouw, een sympathieke Mexicaanse in een rode jurk met een gewaagd decolleté; een zeer bekende schilderes, een strijdlustige dame zoals er geen tweede is, een type dat over alles haar mening geeft, sigaret tussen de vingers; Mitra's privé-leraar Spaans, een jonge radicaal die zeer kritisch was over het regime; en een plastisch chirurg die van de gelegenheid gebruik maakte om te vertellen dat hij de meeste vrouwen die aanwezig waren geopereerd had... Er werd wijn geschonken tijdens het eten en er werden toastjes met kaviaar geserveerd, waarschijnlijk ter ere van mij, want in Iran eten ze dat meestal niet. Kaviaar is voornamelijk voor de export. Na de maaltijd sprak ik met een jong, heel modern stel; hij was beeldhouwer en had dit jaar een prijs in Wenen gewonnen; zij vertelde me dat ze econome was en bij een bank werkte. Ze leefden van haar salaris omdat hij nog niet genoeg verdiende met zijn werk en ze hadden een huis buiten de stad gekocht waar de prijzen veel lager zijn en de huizen veel groter. Hij heeft immers een enorm atelier nodig! Zij was heel elegant gekleed en ik had me haar beter kunnen voorstellen op Wall Street, in een mantelpakje met hoge hakken, dan in Teheran met de welbekende overjas en hoofddoek. Hij droeg een grijs pak met smalle revers en een linnen poloshirt in plaats van een overhemd, en had kort stekeltjeshaar met gel erin. Beland in deze onechte zeepbel zou niemand hebben gedacht dat we in de Islamitische Republiek van Iran zaten. Niemand nam dan ook de moeite om over de algemene situatie te klagen; ze praatten, dronken en aten alsof de buitenwereld niet bestond, ook al wisten we allemaal dat na afloop van het feest er een nieuwe dag zou ontwaken die in grijs en zwart was geverfd. Het was verwarrend en Fariba, de dochter van vrienden die met mij was meegekomen, was net zo in de war. Ze is negenentwintig en werkt als secretaresse in een bedrijf in Noord-

Teheran. Fariba heeft geen vriend en het kost haar moeite om jongens te leren kennen met wie ze kan uitgaan. Het is een zachtaardig en bedroefd meisje dat zich thuis verveelt en weinig hoop op een leuke toekomst heeft. Dit diner was voor haar een soort sprookje: een kijkje in de keuken van een gedistingeerde en schijnbaar vrije wereld, waarin echter geen ruimte was voor haar om er zelfs maar het kleinste glazen muiltje achter te laten.

10

VERLOREN DUIVEN

De tijd vliegt en ik moet alweer bijna terug. Vandaag breng ik de dag met Maryam thuis door en later zullen we nog op pad gaan, zoals we soms doen, om toeristische plekken te bezoeken. Tijdens mijn verblijf in Isfahan heb ik steeds een dag in de week door de straten, parken en tuinen, de paleizen, moskeeën of over de bazaar geslenterd, en vaak ging Maryam met me mee. We hebben ook fijne momenten thuis gehad terwijl we kookten, de groenten, *sabzi*, wasten, gerechten bereidden voor het avondeten, of hazelnoten, amandelen of pistachenootjes brandden voor de *surmeh*, het zwarte roet dat wordt gebruikt als oogmake-up en dat we nadat we het hadden verzameld in kleine zwarte bakjes stopten.

De vrachtwagen die afval ophaalt voor de recycling – alleen papier en glas – rijdt langs en speelt als lokmiddel het liedje *Für Elise*. Zodra ze dit deuntje horen, komen elke morgen de huisvrouwen met hun tassen vol papier en flessen de straat op. Bij het horen van deze beroemde melodie van Beethoven verzamelt Maryam haar tassen, doet haar chador van witte katoen met bloemetjes die naast de deur hangt, om, trekt haar pantoffels aan die op de overloop staan en loopt de trappen af om de zakken aan de vuilnisman te geven. In de straat zie ik een klein vrachtwagentje, een soort pick-up, die hemelsblauw is geverfd en waarvan het achterste gedeelte geel is en dat zo is gemaakt dat er vuilnis in kan worden gegooid. De vrouwen komen druppelsgewijs hun huizen uit met tassen die de man, gestoken in een perfect geel uniform, aanpakt en tegelijkertijd geeft hij hun twee lege zakken terug. *Chapeau* voor de gemeente Isfahan!

Isfahan was de eerste stad waar geëxperimenteerd werd met veranderingen die een ondernemende prefect, Gholahossein Karbaschi, had bedacht om de steden in Iran te verbeteren. Voordat hij de beroemde en zeer geliefde, hoewel ook controversiële, burgemeester werd van Teheran, hervormde Karbaschi de parken, bracht hij groenvoorzieningen aan op de rivieroevers en restaureerde hij de monumenten. Stukje bij beetje begon hij zijn idee vorm te geven dat een stad geschikte openbare ruimtes moet hebben waar de stadsbewoners heen moeten kunnen en bezit van moeten kunnen nemen, zodat straten en pleinen veranderen in plekken waar mensen samenkomen. Dat was zijn manier om de liberalisering van president Khatami, van wie hij een trouwe aanhanger is, te steunen. Jaren later, toen hij al burgemeester van Teheran was, veranderde hij de hoofdstad in een paar jaar tijd door haar op te laten bloeien met kleine groenvoorzieningen middenin zeer dichtbevolkte wijken, parken in hun oude staat terug te brengen, plekken te creëren waar kinderen konden spelen, en door sportscholen te bouwen. Maar na een polemisch proces, waar volgens iedereen de ultraconservatieven de duistere hand in hadden gehad, werd Karbaschi gevangen genomen.

Maryam komt het huis weer binnen en schenkt me een serene glimlach. Opnieuw ben ik blij dat ik deze buitengewone, rustige en vrolijke vrouw heb leren kennen die beschikt over een aangeboren gevoel voor verfijning en die tevreden is met zichzelf en met haar situatie in haar gezin, in de samenleving en in de wereld. Het is een evenwichtige vrouw, die emotioneel gezien zeker is van zichzelf en van wie veel ontwikkelde en verfijnde vrouwen in haar land en in ons land of in welk land dan ook, nog iets kunnen leren. Ze heeft eindexamen gedaan in haar geboortestad in het noorden van Iran, iets wat haar man niet heeft kunnen doen omdat hij op zijn twaalfde begon te werken in de bazaar, en nu zorgt ze voor haar huis en haar gezin met het enthousiasme van iemand die weet dat hij iets belangrijks doet en met de rust waarmee wijze mensen zich altijd onderscheiden.

Ik heb tot nu toe niet willen praten over mijn familie in Is-fahan omdat ik tijd nodig had om ze goed te leren kennen, maar het moment is gekomen dat ik de onvergetelijke mo-menten, gesprekken, details, spelletjes, grappen, maaltijden, gezang, gebeden en gedichten die ik met hen heb gedeeld, vier. Ik weet niet of Zaid voor mijn komst zijn familie bijeen had geroepen en een lang gesprek met ze heeft gehad, maar ik geloof het haast wel, want nu ik hem goed ken, weet ik dat het een man is die zijn dierbaren graag om zich heen verzamelt om met ze van gedachten te wisselen. Ik kan me voorstellen hoe hij ze toespreekt: '*Bacheha yek enteban darim*, kinderen, we moeten een examen afleggen, want *khanume* Ana moet weten dat wij geen barbaren zijn, dat we in dit land beschaaf-de mensen zijn.' Uiterst beschaafd, voeg ik er spontaan aan toe, met een oude beschaving die van vader op zoon is overge-gaan als een gezegende erfenis.

Nu we het over erfenis hebben, sta me toe dat ik over de drie 'erfgenamen' van het gezin praat.

Yusef is een jochie van veertien jaar dat niet kan wachten tot hij een man wordt. Het is een energieke, gezonde, speelse, opgewekte jongen met een overstelpende hoeveelheid energie die altijd in is voor een grapje en altijd klaar staat om naar de winkel te rennen als Maryam een ui nodig heeft. Ik heb hem de bijnaam *artist-e sinema* gegeven, omdat hij in staat is de meest dwaze rollen vrolijk te interpreteren zonder een spoor-tje van schaamte, met een tomeloze charme en een geweldige onschuld. Hij is heel aanhankelijk en omhelst en knuffelt zijn vader en moeder alsof hij een enorme baby is, hoewel hij het ook fantastisch vindt om zich te verkleden in een stoer, zwart leren jack met een donkere zonnebril. Zo loopt hij dan door het huis en terwijl Maryam, die heel religieus is, in haar katoenen chador gehuld aan het bidden is in de woonkamer, eerst rechtop om vervolgens neer te knielen en geconcentreerd in gebed te buigen, danst Yusef ongegeneerd op de maat van zijn lievelingsmuziek, Perzische rappers van de andere kant van de wereld met de volumeknop op tien: ieder zijn meug en God voor ons allen, inclusief mezelf, die het ongelovige tafereel aanschouw, en ik moet glimlachen.

Nazanin is een lief meisje van twaalf jaar dat op het punt staat te ontluiken als vrouw. Ze slaapt naast me zodat we in de loop van de tijd een zeer bijzondere band hebben opgebouwd. 's Nachts als iedereen slaapt, zijn wij allebei nog wakker; ik tik op mijn draagbare computer en zij maakt haar huiswerk. Af en toe vraagt ze me om hulp en dan ga ik bij haar op bed zitten of komt zij naar mijn bed, en dan bespreken we een bepaald onderwerp of lossen een probleem op. Nazanin is niet verlegen maar wel een tikkeltje schuchter en ik realiseer me dat ze al geleerd heeft om haar ogen neer te slaan en haar hoofd af te wenden als teken van schaamte, een beminnelijk gebaar van bescheidenheid en kwetsbaarheid dat vrouwen, maar ook mannen, vaak gebruiken om te verleiden. Deze houding noemen ze in Iran *naz*, wat letterlijk schaamte betekent, maar een veel ruimere betekenis heeft, want hoewel een meisje *nazi* moet zijn, kan een teveel aan *nazi* een teken van valse bescheidenheid en hypocrisie zijn, en dus iets negatiefs.

Soms haalt Nazanin een van de laden onder haar bed vandaan waarin ze haar mooiste schatten bewaart: roze plastic armbanden, strikken en doorzichtige zakdoekjes geborduurd met gouddraad, clips voor in het haar met allerlei soorten dieren, elastiekjes in allerlei kleuren om een staart te kunnen maken, kleine parfumflesjes, nagellak en ansichtkaarten, en ze laat ze me een voor een zien, net zoals alle meisjes van haar leeftijd, enerzijds nog steeds speels, maar anderzijds verlangend om vrouw te worden.

'*Chand gerefit?*, wat voor cijfer heb je gehaald?' vraag ik haar als ze uit school komt.

'*Bist gereftam*, ik heb een tien gekregen, het hoogste cijfer.'

'*Bah, bah*. Dat moeten we vieren,' zeg ik. 'Morgen gaan we naar het Emam Plein en eten we *faludeh*.'

Dat doen we dus heel vaak, want Nazanin haalt regelmatig tienen en Yusef komt ook met goede cijfers thuis. Met andere woorden, de verkoper van *faludeh* heeft heel veel respect voor ons.

Yusef heeft aan mij zijn bed afgestaan en slaapt nu op een matrasje dat hij elke avond in de woonkamer uitrolt. Ik slaap met Nazanin en met Ali, de kleinste van de familie, een dik ventje van tien jaar, een echte goedzak en het speeltje van iedereen. Yusef behandelt hem alsof hij van rubber is en maakt hem met zijn enorme energie af en toe helemaal dol. Ze vragen of hij gekke fratsen wil uithalen en dan bescheuren ze zich, maar hij gaat daar geweldig mee om, want dit is natuurlijk dé manier om in het middelpunt van de belangstelling te staan. Nu kunnen ze ook allemaal lachen om en met mij als ik iets grappigs doe of zeg.

Mehdi, de vader, is een vriendelijke en zeer beleefde man. Hij is altijd netjes geschoren en gaat gekleed in een spijkerbroek, overhemd en een jack. Het grootste gedeelte van de dag brengt hij door op de bazaar en als hij 's avonds laat thuiskomt, wachten we hem allemaal op met het avondeten. Het tapijt op de grond ligt dan altijd bezaaid met boeken, schriften, potloden en elk kind is met zijn eigen dingen bezig; zelfs de kleinste heeft geleerd zich te concentreren in alle drukte, de deuren van alle kamers, behalve die van het toilet en de badkamer, staan namelijk altijd open, niemand trekt zich ooit terug, het gezinsleven is iets gemeenschappelijks. Ook als Mehdi een keer later is dan anders, dan wachten we hem allemaal op zonder te eten totdat *rais amad*, de baas thuiskomt, want het samenzijn 's avonds is erg belangrijk. De kinderen hebben dan ondertussen hun huiswerk liggend op de tapijten gemaakt, en we hebben ons alle vijf volgegeten met gedroogde vruchten en sloten thee gedronken. Na het avondeten, als we allemaal in de kamer zitten waar de tv staat en iedereen verteld heeft hoe zijn dag was, spelen we een potje kaart of vertellen elkaar moppen. We liggen geen avond voor twaalf uur in bed, en voor we gaan slapen werken Nazanin en ik nog even door op onze kamer of kletsen nog wat. De kinderen worden 's ochtends altijd vroeg wakker, ze slapen nooit meer dan zes, zeven uur op een nacht, maar gaan vroeg in de middag naar bed voor een middagdutje. Kinderen van een bazari, gelukkige kinderen van een bazari, die van mijn huis in Isfahan...

Donderdags gaan we met zijn allen 's avonds uit eten in een van de pizzeria's in de stad. De beste zijn te vinden in de Armeense wijk Jolfa, zegt men, aan de andere kant van de rivier. Deze wijk wordt gedomineerd door een grote kathedraal waar Gregoriaanse missen worden gevierd en waarvan de muren prachtig zijn versierd met schilderijen van heiligen en engelen. Hier woont de grootste Armeense gemeenschap van Iran. Vrijdag is een feestdag en dan gaan we op excursie naar de buitenwijken van de stad, bij mensen op bezoek, of er komen vrienden of familieleden bij ons langs.

In ons huis hebben we geen schotelantenne, want Mehdi houdt zich graag netjes aan de regels en wil geen problemen. We hebben echter wel een dvd-speler en veel programma's die de buitenlandse televisiezenders uitzenden, zijn later onderhands verkrijgbaar op dvd, maar toch is het hebben van zo'n speler binnenshuis iets anders dan een *dish* buitenshuis, met een kabel die naar je verdieping loopt en die door iedereen kan worden gezien.

Mehdi leest elke ochtend na het ontbijt vlug een paar paragrafen uit de koran, voor hij de straat opgaat. Hij heeft ook een aantal geschriften van ayatollah Khomeini bij de hand, en ik heb hem die verschillende keren zien lezen. Als ik hem ernaar vraag, zegt hij dat hij het niet eens is met alles wat Khomeini schrijft, maar dat hij sommige dingen wel degelijk interessant vindt. Deze geschriften zijn een richtsnoer voor het dagelijkse leven. Mehdi is een religieus man die niet naar de moskee gaat om te bidden, maar die het alleen doet. 'In Iran hoef je maar drie keer per dag te bidden en niet vijf keer zoals andere moslims in de rest van de wereld doen, omdat wij harde werkers zijn en God ziet liever dat we werken en dat we niet te veel bidden,' zegt hij glimlachend.

De winkel die hij op de bazaar heeft, is een kleine ruimte die uitpuilt van de rekken met lappen in alle kleuren en vele rollen stof voor chadors, van verschillende kwaliteit en diverse merken, gefabriceerd in Iran en ook in het buitenland, zie ik als ik een coupon van het merk Kenzo onder ogen krijg. Volgens mij gaan de zaken goed, maar aangezien Mehdi een man zonder pretenties is, heeft hij een auto die van ellende bijna uit elkaar valt.

Zijn familie is traditioneel (*somnati*), maar hijzelf is niet betrokken bij wat voor sociale of religieuze organisaties dan ook, gaat niet naar de *zurkhaneh*, een traditionele sportschool die alleen voor mannen is, noch naar plechtigheden die worden georganiseerd rond de rouwbijeenkomsten ter ere van de herdenkingen van imams. De enige concessie aan de sociale gedragsregels is een *nasri* die hij elk jaar met een paar vrienden van de bazaar klaarmaakt, waarbij eten aan klanten en bekenden wordt aangeboden.

Hoewel hij sober in zijn gewoontes is, is het een man die pronkt met zijn overvloed. Hij geeft een aalmoes aan iedereen die het vraagt, heeft een paar gezinnen die hij beschermt en financieel steunt, en hij maakt geen gebruik van de bonnenboekjes die de staat aan Iraanse families uitdeelt, hij geeft ze juist aan behoeftige mensen; de enigen die geen cent van hem krijgen, zijn de geestelijken, van hen heeft hij een enorme afkeer die hij slecht kan verbergen. Mehdi meent dat gierigheid een van de ergste menselijke tekortkomingen is en hij geeft me voorbeelden uit de koran en van de inzichten van Khomeini om uit te leggen dat het verzamelen van kostbaarheden door zijn geloof verboden wordt. Als een man tien zakken rijst heeft en hij heeft die in tien jaar tijd niet aangeraakt, dan moet hij ze afstaan, want dat betekent dat hij ze niet nodig heeft, en als die zakken te lang liggen opgeslagen, dan gaat de inhoud alleen maar achteruit of bederft zelfs. Maar als die man zo nu en dan iets uit die zakken haalt, dan mag hij ze houden. Hetzelfde gaat op voor een vrouw die een paar juwelen bezit, maar ze nooit draagt, dan moet ze die ook inleveren, want misschien kan iemand anders ze beter gebruiken. De bezittingen die iemand heeft, zijn om te worden gebruikt of om te worden opgegeten en niet om ze ergens achterin een opslagplaats of kast te laten wegrotten. Gierigaards en vrekken hebben geen goede naam.

De kinderen gaan 's ochtends vroeg naar school, zo vroeg dat ik niet merk dat ze opstaan, zich aankleden, ontbijten en weggaan. Als ik wakker word, is Maryam bezig in de keuken met thee zetten en heeft ze alles klaar om met mij te ontbijten. Mehdi brengt Ali en Nazanin naar school voor hij zijn winkel opent. Dat is het moment waarop we samen wat kletsen en bespreken wat we die dag samen zullen gaan doen of wat we gaan koken als ik thuiskom van de grot van Ali Baba. Soms helpt ze met het bereiden van een gerecht dat ik meeneem naar de grot in dezelfde pan als waarin het is klaargemaakt, zodat we met zijn allen ervan kunnen smullen op de patio onder de moerbeiboom.

Vandaag maken we voor we de stad ingaan om te wandelen de *fesenjan* klaar, een gerecht waar ik dol op ben en dat vooral in het noorden van Iran wordt gemaakt. De zoetzure stoofpotten zoals we die vandaag koken met granaatappelsiroop of de *shirin polo* met gekonfijte sinaasappelschil, worden gegeten als de familie een belangrijke gebeurtenis te vieren heeft, zoals een bruiloft. Je snippert een ui en fruit die in olie en voegt een beetje kleurstof *zard chuheh* of kurkuma toe. Vervolgens hak je twee handjes noten fijn (ik heb uitgerekend dat dat ongeveer 200 gram is), die doe je bij het uitje en dat alles laat je ongeveer een minuut bakken. Het resultaat is een dikke brij waar je twee glazen water overheen giet, en dat laat je een half uur stoven zodat de olie uit de noten komt. Dan voeg je tien soeplepels granaatsiroop en vijf eetlepels suiker toe; dat roer je tot je een glimmende, dikke en heel donkere pasta krijgt, die geserveerd wordt met kip of lamsvlees en rijst. Terwijl de *fesenjan* aan het pruttelen is, brengen we de kip in een snelkookpan aan de kook met een half glas water, zout en knoflookpoeder. En voordat we de deur uitgaan, wassen we de rijst en zetten hem in de week zodat hij klaar staat om gekookt te worden als we thuiskomen.

'De beste Iraanse rijst komt uit Kalat en dat is ongetwijfeld ook de beste rijst ter wereld,' vertelt Maryam. 'Je herkent hem aan zijn gele kleur, en hij is veel duurder dan de andere soorten, maar het voordeel is dat deze rijstkorrels veel groter worden tijdens het koken. Van een kopje rijst uit Kalat kunnen twee personen eten, terwijl je van andere rijst twee kopjes nodig hebt. Tegenwoordig vind je veel meer Thaise rijst op de markt en die wordt goed verkocht omdat hij goedkoper is dan de Iraanse, maar hij is niet zo goed,' besluit Maryam met de stem van een kenner.

De *chelo*, zoals witte rijst in Iran wordt genoemd, moet zeven minuten koken als hij niet heeft geweekt, en vijf minuten als hij wel in water heeft gestaan. Daarna giet je hem af: in een pan doe je een paar eetlepels olie of een ander soort vet met een paar eetlepels rijst. Dit mengsel wordt de korst, de *tadig*, de krokante laag die tijdens het koken ontstaat. Hierop schep je de rest van de rijst met een pollepel, en daar giet je wat water overheen. Dan maak je een gat in het midden van de berg rijst. Dek vervolgens het gerecht af met een deksel die in een keukendoek is gerold zodat de damp die ontstaat in de pan tijdens het koken wordt geabsorbeerd in plaats van dat die condenseert en in de rijst druppelt. Zet dit minstens gedurende een half uur op een laag vuur. Ik raad aan om Basmatirijst te gebruiken, die is te koop in een Indische of Pakistaanse toko of in sommige supermarkten.

Als we onze schorten hebben weggehangen en de bekende hoofddoekjes hebben omgedaan, bezoeken Maryam en ik de moskeeën en andere monumenten in Isfahan, sommige kende zij zelfs niet. We zijn alle trappen opgelopen en hebben alle deuren geopend. Op de bazaar hebben we allerlei soorten specerijen, brouwsels en garneringen gekocht, zonder de zoutkristallen te vergeten die mij beschermen tegen het kwade oog, *cheshmeh shur*, want zout absorbeert niet alleen water, maar ook de kwade wensen van onze naaste medemensen.

We hebben gesproken met waakzame en devote winkeliers, en we hebben ons vermaakt met het kijken naar witte duiven die vliegen voor de grote bakstenen koepel van de oudste moskee in Isfahan, totdat ze neerstrijken in een stil hoekje. De duiven van Isfahan doen me denken aan de duivenmelkers, de halfgekke mannen, *kavutar-baz*, uit andere tijden, die men afkeurde vanwege hun obsessie voor duiven. Einzelgängers met hun blik strak op de hemel gericht, met als enige droom hun duiven te zien vliegen en de voldoening ze allemaal te zien terugkeren naar de duiventil. Hun beroep was ze eten te geven, ze te verzorgen en ze te trainen zodat ze wedstrijden wonnen en hun grootste onrust was gelegen in de angst van het wachten als een van de duiven te laat kwam.

Om uit te rusten hebben we de *goldasteh* van een moskee uitgekozen, een soort houten tempeltje in de vorm van een Chinese pagode die ze boven op de *eivan* bouwden voordat de luidsprekers populair werden, zodat de moëddzin van daaruit kon zingen in plaats van dat hij zich moest vermoeien met een hele klim tot boven in de minaret. Dat is ons geheime plekje, daar vertellen we elkaar de geheimen en vertrouwelijkheden die hechte vriendschappen bezegelen. Vandaag kunnen we echter niet te lang treuzelen, want we krijgen bezoek van een vrouw die bij iedereen in het gezin zeer geliefd is. Ze is een naast familielid uit het noorden en regelmatig wipt ze langs zonder van tevoren te waarschuwen, altijd alleen, bepakt en bezakt met pakjes en met schuin over haar borst een leren aktetas. Gekleed in een beige trenchcoat, een hoofddoek van dezelfde kleur en veterschoenen. Het is een oudere vrouw, klein, slank, taai, energiek en heel erg sympathiek. Zodra ze zich van haar bepakking heeft ontdaan en haar islamitische uniform heeft uitgetrokken, neemt ze op het tapijt plaats om grapjes te maken met de kinderen die gek op haar zijn. Jaren geleden heeft haar man haar in de steek gelaten en is ze gescheiden. Ze woont alleen en werkt. Ze is vertegenwoordigster van een kleine fabriek die plastic producten maakt en ze is het hele jaar op pad om bestellingen van ziekenhuizen binnen te halen. Ze is onafhankelijk, heeft haar eigen flat en auto, en vertelt tevreden dat ze een paar jaar terug op reis is geweest naar China. Het is een vastberaden vrouw en het komt niet in haar hoofd op om *naz* te tonen; deze keer is ze met de bus vanuit Mashhad naar Isfahan gekomen, een lange reis die de hele nacht heeft geduurd, waaruit ik afleid dat haar bedrijf zich geen vluchten per vliegtuig en vijfsterrenhotels voor hun stafleden kan veroorloven.

Ze vertelt dat ze vroeger lerares was en dat ze heel erg van haar werk hield, maar dat ze er een paar jaar na de revolutie mee ophield omdat ze niet meer tegen de sfeer van wantrouwen en beschuldigingen kon die er was ontstaan tussen de leraren op school. 'Vroeger,' bekende ze me, 'gingen we met zijn allen uit om lol te maken, we kwamen af en toe bij elkaar op bezoek en we waren vrienden en collega's tegelijk. Met de revolutie veranderde alles, en ik vertikte het om me te laten bespioneren, noch om voortdurend op mijn woorden te passen, dus zat er niets anders op dan dat ik mijn ontslag nam.' Het is een religieuze vrouw die ik verschillende keren in huis heb zien bidden. Tijdens een gesprek met haar komt het onderwerp van het tijdelijke huwelijk ter sprake en ze vertelt me dat men in Iran, als een man niet meteen na zijn werk naar huis komt, zegt dat hij met zijn *sigheh* aan de haal is, zijn tijdelijke vrouw, zoals wij in Spanje zeggen dat de echtgenoot sigaretten halen is.

Het onderwerp van het tijdelijke huwelijk heeft me altijd geïntrigeerd en nadat ik er met verschillende mensen over gesproken heb, ben ik tot de conclusie gekomen dat het een regeling is die de machthebbers na de revolutie opnieuw hebben aangemoedigd, maar die door de bevolking nog steeds als onfatsoenlijk wordt beschouwd. De tegenstanders hebben altijd geroepen dat het een manier is om de prostitutie en uitspattingen van mannen te verdoezelen en als ik wil weten hoe het huidige regime denkt over dit soort huwelijken die in Iran *sigheh* worden genoemd, verwijzen ze me naar de theoreticus erachter, doctor Morteza Motahari, een ayatollah die martelaar is. Een van de kenmerken van een tijdelijk huwelijk, schrijft Motahari, is dat een contract vereist is waarin de geldigheidsduur van de verbintenis en de voorwaarden staan. Het is een vrijer huwelijk dan het onbepaalde, aangezien alles afhankelijk is van de bedongen voorwaarden. In het duurzame huwelijk is de man verplicht zijn vrouw te onderhouden en haar dagelijkse kosten voor zijn rekening te nemen. Bovendien moet hij zorgen voor onderdak en andere levensbehoeften zoals eten en medicijnen. Bij een tijdelijk huwelijk daarentegen hangt alles af van de bepalingen die in het contract staan: het is mogelijk dat de man de kosten van zijn vrouw niet op zich kan of wil nemen, of dat de vrouw geen geld van de man wil hebben. Bovendien moet de vrouw in een duurzaam huwelijk de man accepteren als hoofd van het gezin en aan hem gehoorzamen ter wille van het gezinsbelang, in de tijdelijke verbintenis hangen deze condities daarentegen ook van het contract af. Een tijdelijk huwelijk kan een paar uur of het hele leven duren, als dit zwart op wit staat. De echtelieden erven niet van elkaar maar de kinderen die voortkomen uit zo'n huwelijk wél. Zij hebben voor de wet dezelfde rechten als kinderen uit een duurzaam huwelijk. Wil een tijdelijk huwelijk geldig zijn, dan moet er een *mahr* worden vastgesteld, dat wil zeggen een hoeveelheid juwelen, bezittingen of geld die de echtgenoot moet betalen aan de echtgenote, terwijl de duurzame verbintenis ook geldig is zonder *mahr*. Aan het begin van de revolutie, toen iedereen nog overliep van idealisme, waren er veel stellen die een duurzaam huwelijk aangingen zonder *mahr* omdat zij geloofden dat liefde iets schitterends is dat verheven is van welke financiële transactie dan ook. Maar in de loop van de tijd begonnen vrouwen, teleurgesteld en teruggeworpen op de harde werkelijkheid van hun inferioriteit voor de wet ten opzichte van mannen, deze economische garantie opnieuw te eisen.

Daar anticonceptie toegestaan is in het islamitische geloof, biedt het tijdelijke huwelijk een oplossing aan adolescenten van wie de seksuele behoeften op hun hoogtepunt zijn. Zij verkeren niet in de situatie waarin zij de zware verantwoordelijkheden van een duurzame echtverbintenis op zich kunnen nemen, maar dankzij het tijdelijke huwelijk kunnen zij nu toch hun seksuele verlangens bevredigen. 'Tegenwoordig bereiken jongeren veel vroeger hun seksuele rijpheid dan dat ze sociaal gezien volwassen zijn. Jonge mannen studeren nog steeds op hun vijfentwintigste; hetzelfde gebeurt met de jonge vrouwen die een betere opleiding willen krijgen... Hoe kunnen studenten nu met succes hun studie volgen als ze het hoofd moeten bieden aan een ongecontroleerd seksueel verlangen? Het is dus belangrijk om orde op zaken te stellen in die wanorde en het lichaam te geven waar het om vraagt, maar met orde en zwart op wit,' legt Motahari vast. Hij raadt dit soort contracten bovendien aan aan stellen die elkaar niet zo goed kennen als een test voor het huwelijk. Hij brengt het contract als een soort bescherming voor de vrouw en vraagt zich af: 'Is de Europese formule die een deel van de ongelukkige vrouwen onbeschermd laat, conform de waardigheid en het zelfrespect van vrouwen en volgens de geest van de universele verklaring van de mensenrechten?' En hij besluit ermee dat als het doel van een duurzaam huwelijk het verwekken van kinderen is, dan is het doel van een tijdelijk huwelijk het genot en de bevrediging van een natuurlijke nood.

Ik blijf, met alle respect voor doctor Motahari, maar piekeren over deze kwestie, en ik begrijp dat het tijdelijke huwelijk heel vroeger een bescherming betekende voor de vrouwen, en vooral voor de kinderen. In de tijd van de karavaans toen de man lange periodes van huis was en hij samenleefde met een vrouw die niet zijn echtgenote was, bleef deze vrouw niet helemaal berooid achter als de man naar zijn thuis terugkeerde, want ze kreeg een financiële vergoeding en de kinderen die uit die relatie waren geboren, hadden een vader met een naam die vermeld stond in een contract, en recht op een deel van de erfenis. Tegenwoordig slaat deze instelling echter nergens op en hoewel de theoretici van de Islamitische Republiek haar nieuw leven in wilden blazen en haar weer een goede naam wilden geven – die ze waarschijnlijk nooit heeft gehad – een meisje dat eenmaal in dit circuit terechtgekomen is, komt er nooit meer uit. Ze gaat óf daarna een duurzame verbintenis aan met de jongen met wie ze eerst tijdelijk was getrouwd óf geen enkele man zal haar nog willen; ze zal als een prostituee worden beschouwd die zich heeft verkocht om de vleselijke lusten van een man te bevredigen.

Daarbij komt ook nog dat de maagdelijkheid van een

vrouw nu nog steeds heel erg belangrijk is in Iran. De *namus*, de eer van de familie, bewaren, is voor het hoofd van een familie het belangrijkste ter wereld en die verliezen betekent soms een ramp met vreselijke gevolgen. In Iran is de *namus* het heiligst binnen een familie en in de gemeenschap. De eer van de familie wordt gewaarborgd door de seksuele eerbaarheid van de vrouwen en alle gedragsregels, kledingvoorschriften en normen die voor relaties tussen de beide seksen gelden, zijn bedacht om die veilig te stellen. 'Het is de meest irrationele, meest diepgaande en daardoor ook de meest gevoelige kwestie van de Islamitische Republiek. Na de jaren van genadeloze en gedwongen verwestersing die de familie-eer aan de grootste gevaren blootlegde, blijkt nu uit de voldoening van de lagere klassen die zich beschermd weten door de sociale orde, dat de huidige frustraties beter worden verdragen.' Tegenwoordig is de provocerende houding van veel jonge meisjes tegenover de normen en verboden een drama voor de vader, want die heeft het gevoel dat de *namus* verloren gaat, en dat is het ergste wat er kan gebeuren, daarmee raakt hij zijn witte duif kwijt en is hijzelf verloren.

11

DE VERBODEN KUS

Er is al ruim een maand voorbij sinds mijn komst: vandaag is mijn laatste dag in Isfahan en ik heb de ochtend gewijd aan afscheid nemen van mijn kennissen in de bazaar. Ik heb thee gedronken met de verkoper van de *guivehs*, de voor dit land typische schoenen, ik heb de groothandel van tapijten waar Bijan werkt, bezocht en ik heb gesproken met de twee compagnons, *agha-ye* Yusef en *agha-ye* Zaid. Daarna heb ik voor de laatste keer door de grote *sarai* van twee verdiepingen van de bazaar gelopen waar ik zo vaak gewandeld heb de laatste weken, ik heb afscheid genomen van de werknemers van de stofdrukkerij op het dakterras, en door het gat van het dakraam dat geopend wordt in het bolvormige dak waaronder de lappen stoffen te drogen hangen, heb ik de drukte van de bazaar beneden gadegeslagen, als bij een diorama. De gloeilampen die de toonbanken en etalages verlichten, maken dat verkopers en klanten figuurtjes uit een kerststal lijken en er gelig uitzien. Om mij heen strekken de glooiende daken van Isfahan zich vredig uit en ik kan de koepels en minaretten onderscheiden, de pilaren van het paleis van Ali Qapu, de groene vlekken van de parken, de moderne gebouwen voorbij de oude stadswijk, en ook een paar skeletten van huizen in aanbouw.

Een broer van Haji Baba die een exporthandel heeft in de grote *sarai* van de tapijten, heeft zijn zoon gevraagd, een jonge man van vierentwintig die staat te kletsen met twee andere jongens van de bazaar, om mij te vergezellen naar zijn huis zodat ik voor mijn vertrek zijn verzameling kleden kan bekijken. Nadat we een flink stuk gelopen hebben, beschermd tegen de zon door het bladerdak van de bomen langs de avenue, dringen we binnen in een web van nauwe steegjes waar achter de lemen muren tuinen en boomgaarden verborgen liggen. We houden stil voor een muur met een groot ijzeren hek dat groen is geverfd, waar drie enorme hoge dennenbomen bovenuit steken. Mijn gids opent het hek en we wandelen een prachtige tuin in met achterin het huis van een verdieping met grote ramen die open staan en uitkijken op een veranda die langs de hele gevel loopt. Een groep vrouwen, gewikkeld in zwarte chadors, verdwijnt in het huis nadat ze ons even hebben bekeken. Als ik alleen was geweest met de zoon des huizes, dan hadden ze zich vast niet meteen verborgen, maar toen ze zagen dat er ook nog twee vrienden waren meegekomen, trokken ze zich terug.

De tuin heeft borders vol bloemen, fruitbomen en dennenbomen. De paden en andere betegelde terrassen zijn met tapijten bezaaid, een aantal grote die over elkaar heen liggen en die een bont geschakeerd patchwork vormen. Ze zijn onder de zon tentoongespreid om te luchten. Sommige zijn gewassen en liggen te drogen. Over de balustrade van de veranda hangen ook kleden en er liggen stapels in de hoeken. Naast de muur staat een auto geparkeerd die ook bedekt wordt met tapijten. De bladeren van de bomen tekenen onrustige schaduwen op de arabesken en het geheel lijkt een ronddraaiende carrousel van kleuren.

Met hulp van zijn vrienden heeft de neef van Haji Baba, Hessam, de grote tapijten aan een kant van het terras voor de veranda gelegd zodat er een stukje vrijkomt op de grond. Vervolgens heeft hij de meest waardevolle kleden geselecteerd en hij laat ze rustig een voor een zien. Ondertussen vertelt hij me om wat voor soort tapijt het gaat, waar ze het hebben gekocht, in welke periode het geknoopt is en in sommige gevallen zelfs uit welke werkplaats ze afkomstig zijn. De zon schijnt verblindend en ik ga op een stoel zitten om ze te fotograferen, terwijl ik voel dat vele paren ogen ons begluren vanachter de gordijnen.

Hessams voorkeur gaat uit naar een tapijt uit Isfahan van twee bij drie meter, *do dar seh*, oud, *kohneh*, 'zo zacht als een doek,' zegt hij en om dat te bewijzen laat hij zien hoe een van de hoeken gekreukt in zijn hand past. De inslag en de schering zijn van beige geverfde zijde, zodat de franje aan de zijkanten niet wit afsteekt, maar mooi kleurt bij het bruingeel en écru van het hoofdvak en de sierranden. De pool is van wol en die is zo kort mogelijk geschoren. De arabesken zijn zowel aan de bovenzijde als aan de onderzijde met zoveel aandacht voor detail geknoopt dat het wel tekeningen lijken die met een kroontjespen zijn gemaakt. In de versiering loopt niet een lijn recht, allemaal zijn ze golvend, waarvan een aantal heel fijntjes. Rond het centrale medaillon dat in blauw is uitgevoerd, lopen arabesken in een kronkelige beweging tot aan de sierranden, ze zijn verweven met een palmettenmotief, een voorstelling van een opengesneden bloem, van verschillende afmetingen midden in het bruingele veld. De breedste sierrand heeft een rode achtergrond en het koninklijk blauw van de hoeken van het binnenveld springt naar voren. Er staat nergens een datum of een handtekening op het tapijt, maar ze schatten dat het zo'n tachtig of honderd jaar oud moet zijn. De vader van Hessam heeft het tien jaar geleden gekocht van een particulier in de Verenigde Staten. Als ik het verhaal zo hoor, dan denk ik dat perzen net als mensen soms terugkeren naar het land van oorsprong.

Hessam vertelt me dat er meesters zijn geweest, en ze zijn er nog steeds, *ostad* worden die genoemd, die zeer gerespecteerd waren in Isfahan en die zich bezighielden met de productie van tapijten. In het midden van de twintigste eeuw was de meest prestigieuze werkplaats die van de familie Serafian waar verschillende generaties handwerkslieden werkten en waar de beste tapijten van Isfahan vandaan kwamen. Hij laat me er een paar van zien. Ze hebben allemaal een soort etiket van een geweven stukje stof met een handtekening in een van de hoeken: 'Iran-Isfahan-Serafian'.

Net als die uit Tabriz, Kashan, Kerman, Hamadan, Nain en andere plaatsen, zijn die van Isfahan ook stadstapijten waarvan de ingewikkelde motieven alleen met succes gerealiseerd kunnen worden als de patronen die op ruitjespapier zijn getekend door de ontwerper, nauwkeurig worden gevolgd. Hoewel het soms moeilijk is om er een uit Kashan te onderscheiden van een uit Nain of Isfahan, wordt dit probleem over het algemeen opgelost als je kijkt naar het kleurenpalet, de kenmerken van de inslag en de schering en, als die er is, de handtekening.

Reza had me uitgelegd dat de isfahantapijten meestal een inslag en schering van zijde hebben en dat de wol van de knopen afkomstig is van de nek van het schaap, de *cork*, de fijnste en ook de meest slijtvaste wol. Tegenwoordig worden de randen van de motieven ook met zijde afgewerkt zodat die door de glans er nog meer uitspringen. Er zijn kleden met heel kleine knopen, zo klein dat er zelfs 120 knopen op tien centimeter kunnen zitten, en hoe meer knopen, hoe beter de kwaliteit.

De tapijten uit Isfahan hebben meestal in de hoekranden, waar de franje begint, een paar verticale strepen van elk honderd knopen, zodat de klant zich beter kan oriënteren. Hoe meer strepen er in een meter zitten, hoe fijner en mooier en daardoor ook hoe duurder het tapijt is. Wat betreft de afmetingen, elk type tapijt heeft meestal een standaardmaat en heeft dan ook een bepaalde naam, legde Reza me een keer in de grot uit. Tussen de kleden van Isfahan heb je bijvoorbeeld de *poshti*, een klein kleed van ongeveer 98 bij 65 centimeter;

de *zaronim* van anderhalve meter bij een meter; de *pardei* van twee meter twintig bij een meter veertig; de *do dar seh*, van twee bij drie meter. Als een koper een groot tapijt uit Isfahan wil hebben, dan moet hij opdracht geven om dat te laten maken en zo'n kleed kost veel geld, tienduizenden euro's.

In de tuin van Hessam zingen de putters die tussen de bomen fladderen en ik blijf in mezelf gekeerd de tientallen vogels gadeslaan die vliegen in een veld vol bloemen in het prachtige Isfahan. De zon is te fel en ik had deze wonderen liever willen aanschouwen vanuit het huis met een dampend glas thee in mijn handen, maar de verzamelaar van tapijten is deze dagen zijn waardevolste kleden aan het luchten en wassen.

Toen ik terugkwam, hebben we voor de laatste keer samen in de patio van de grot van Ali Baba gegeten. Haji Baba, die meestal niet zo spraakzaam is, is vandaag naast me komen zitten en heeft me overladen met attenties en mooie woorden. Aan het einde van de lunch heeft hij me een verrassend voorstel gedaan.

'*Khanume* Ana, als u wilt, zouden we u deze zomer een huis met een tuin hier in Isfahan kunnen verhuren zodat u daar met uw familie kunt verblijven? We zijn gewend geraakt aan uw aanwezigheid en het zal ons moeite kosten om de leegte die u achterlaat, te vullen. De zaken zijn goed gegaan en de jongens zijn tevreden. De sfeer in de winkel was goed tijdens uw aanwezigheid hier. Denk erover na en praat erover met uw man.'

Haji Baba, een man die zijn leven heeft doorgebracht op de meest traditionele bazaar van Iran, die altijd half ligt te slapen in zijn stoel, die soms meer in een andere wereld lijkt te vertoeven dan in deze, en die de grootste voldoening heeft als alles in zijn omgeving reilt en zeilt zoals altijd, heeft ingezien dat sommige veranderingen ook goed kunnen zijn...

Ik geloof dat de jongens van 'Ali Baba's team' net zo verrast zijn als ik met het idee van Haji Baba, hoewel het ze een geweldig plan lijkt, en allen toosten we met *dukh*, een verfrissend drankje van yoghurt met water waaraan zout en blaadjes mint zijn toegevoegd.

'*Be salamati*! Op uw gezondheid!'

Ik ben nog half versuft door de warmte van de ochtendzon en ik merk dat mijn haar onder de hoofddoek tegen mijn hoofd is aangeplakt. Het voorstel van Haji Baba heeft me ontroerd en ik besluit om me even terug te trekken voor een dutje in het magazijn van de *gabbehs*, hechte tapijten met lange, dikke haren en een naïeve afbeelding die worden geknoopt door vrouwen van de Qashqai-nomaden. Ik sluit de deur met een sleutel af om zeker te zijn van mijn privacy, ik doe mijn hoofddoek af en mijn jas en schoenen uit en ik ga liggen op een zachte stapel van vrolijk gekleurde *gabbehs*, de meest eenvoudige van alle perzen die nog niet zo heel lang geleden ook de meest goedkope en de minst gewaardeerde waren. Dat zouden ze nu nog zijn geweest, ware het niet dat de conservator van een Berlijns museum zijn oog erop had laten vallen en de meest bijzondere kleden had gekocht. Tegenwoordig zijn ze vanwege hun unieke ontwerp, in handen van verzamelaars en worden er enorme bedragen voor gevraagd, maar de tapijten die voor de handel geproduceerd worden en die altijd dezelfde afbeeldingen herhalen, zijn nog steeds betaalbaar omdat ze dankzij de grove knopen snel en makkelijk gemaakt kunnen worden.

De dagen zijn voorbij gevlogen en mijn avontuur loopt ten einde. Iran kan me nog steeds fascineren en verrassen. Voor mij heeft het vele verborgen gezichten die je wel vermoedt en kunt bespeuren, maar die je nooit kunt vatten. De sociale omgang is vriendelijk en ingetogen zoals een choreografische dans, de verering van de dood en het martelaarschap, het zwart van de rouwbanden, het rood van het bloed en het groen van de islam gaan samen met de zachte kleuren van de gastvrije tuinen die bijdragen aan een aangenaam leven dat wordt bezongen door de dichters in de gedichten die iedereen uit zijn hoofd kent en voordraagt, tegenstrijdigheden die bij degenen die niet willen meedoen aan dit dubbelspel een moeilijk te verdragen onvrede veroorzaakt.

Iran heeft moeite met omgaan met de mengeling van zijn oude beschaving en de cultuur die is opgekomen met de islam, een mengelmoes die de Iraniërs in een zee van contradicties stort: zo is er de rivaliteit met de Arabieren die ze altijd op een afstand houden door te benadrukken dat zij het niet zijn, wat botst met het respect en de privileges die zijn toegekend aan de *seyyed*, de afstammelingen van Mohammed en daarom Arabieren. Zo is er ook de voorliefde voor weelde, terwijl je de sociale en religieuze verplichting hebt om te doen alsof je niet rijk bent. Dan is er ook nog de blik die voortdurend op het Westen is gericht, ondanks de onderbreking van de eerste jaren na de revolutie, en de moeilijke relatie met het steeds vagere oriëntalisme. Iran, een land in beroering, dat een zeer actief sociaal debat levert, aangewakkerd door intellectuele zwaargewichten, mannen en vrouwen van verschillende achtergronden, op zoek naar oplossingen die hen toestaan om vooruit te komen zonder dat ze zich gedwee moeten neerleggen bij de wetten van het Oosten. Iran, waar een paar geestelijken een strikte ideologie oplegden via een revolutie die enig is in zijn soort, en die erin zijn geslaagd om deze gedurende drieëntwintig jaar te handhaven, vaak met de hulp van een groot deel van de bevolking. Iran, een land waar miljoenen jongeren, die sterk verschillen van degenen die de revolutie begonnen, druk uitoefenen om uit het obscurantisme te komen... Er uitkomen, inderdaad, maar dan wel op hun manier.

Ik kijk naar de *gabbeh* die rechts van mij ligt, ik streel hem, de gekleurde blokjes vormen een buitengewoon decoratief dambord. Ik denk aan het huis dat ze me hebben aangeboden in Isfahan, en hoewel ik het er met mijn familie over zal hebben, weet ik dat dit niet het moment is om het aanbod te accepteren, maar het geeft me veel voldoening te weten dat ik hier een plek zou kunnen hebben om te wonen. Ik zou van beroep veranderen, dat heb ik al zo vaak gedaan... Verkoopster zijn van tapijten op de bazaar van Isfahan zou me fantastisch lijken. Getuige zijn van de overgang naar de democratie ook. Per slot van rekening doet het Iran van vandaag me denken aan Spanje aan het eind van de dictatuur, die periode waarin het gaas van de zeef van de censuur al gaten vertoonde, waarin we bijna allemaal onze kritiek uitspraken en velen van ons demonstreerden, waarin je met evenveel gemak de gevangenis inging of uitkwam om politieke redenen – hoewel er nog steeds geruchtmakende executies plaatsvonden zoals die in 1975. Toen was in Spanje onze hoop gevestigd op de dood van de dictator, maar als nu in Iran de Gids overlijdt, dan zorgt de Raad van de Revolutie dat er een ander wordt aangesteld.

Het moment is gekomen dat ik afscheid moet nemen van de hele ploeg. Ze staan opgesteld in de hal die bedekt is met tapijten op de begane grond. Het nieuws 'khanume Ana gaat weg' heeft zich over de hele bazaar verspreid en alle jongens zijn hierheen gekomen. Vanuit een hoek kijkt Reza trots naar ze: het zijn zijn jongens, hij zorgt voor ze en verwent ze bijna, maar hij stelt ook eisen aan ze, ze groeien met hem mee en leren om goede handelaren van de bazaar te worden. In contact staan met toeristen die met dollars komen, heeft zijn voordelen en moet beter zijn dan werken als ambtenaar of werknemer in de staalfabriek. Ongehaast kijk ik ze stuk voor stuk aan en ik ontdek dat ik echt gesteld ben geraakt op deze knappe, uit de kluiten gewassen jongens met hun netjes gekamde haren. Ze hebben me over hun ouders verteld, ik weet hoeveel broers en zussen ze hebben, of ze uit Kurdistan komen of uit Isfahan. Ze hebben me verklapt wat hun dromen, verlangens

en angsten zijn. Ik mag ze graag en ik overweeg om ze te omhelzen en ze allemaal een zoen te geven, ook al staat Haji Baba
die zojuist naar beneden is gekomen om te zien wat er aan de
hand is, er in hoogsteigen persoon bij, ook al komt er net een
akhund voorbij die blijft stilstaan om naar me te kijken, ook al
kan ik nooit meer terecht in een huis in Isfahan. Nadat ik elke
jongen een kus op zijn wang heb gegeven, beginnen ze te lachen en grappen te maken, ik kijk naar Haji Baba die, ver-
wonderlijk genoeg, staat te glimlachen en laat blijken dat hij
er zin in heeft. 'Haji Baba, wilt u ook een zoen?' vraag ik hem
en ik zie dat hij met zijn vinger zijn wang aanwijst terwijl hij
zijn ogen sluit...

Ik ga weg en kijk nog eenmaal om naar het drukke plein, de
klaterende fonteinen, een man die in de schaduw van een
heester een dutje doet op het gazon van een parkje, kinderen
van een provincieschool die lawaai maken terwijl ze foto's
maken om een herinnering aan hun excursie aan Isfahan te
hebben, de kleine rijtuigjes die met Iraanse of buitenlandse
toeristen over het plein rijden, de zonneschermen van de
winkels, wit, uitgerold, met daaronder in de schaduw een
nooit aflatende drukte. Hier zeggen ze dat Isfahan de halve
wereld is... en ik geloof dat dat nog waar is ook.

12

DE LAATSTE REGEL

Ik wil geen punt zetten achter deze pagina's zonder in te gaan op de gebeurtenissen van 11 september 2001. Ik heb naar het huis van Reza en Mehdi gebeld nog dezelfde dag dat de tragedie plaatsvond, en wat ik hoorde waren woorden van ontsteltenis vermengd met de onzekerheid over wat er zou kunnen gebeuren in de nabije toekomst. Vervolgens vernamen we dat de Iraanse regering behoedzaam reageerde op de aanslagen. Ze veroordeelde ze onmiddellijk en betuigde haar medeleven aan het Noord-Amerikaanse volk; maar in de lijn van het onafhankelijke politieke beleid, waarschuwde ze de Verenigde Staten ook dat ze geen vliegtuigen in het Iraanse luchtruim zou toelaten die waren bestemd om Afghanistan aan te vallen. Mocht dat toch gebeuren, dan zou een luchtaanval overwogen worden.

De verandering in Afghanistan komt Iran wel goed uit, de relaties met de Talibanregering zijn altijd vol conflicten geweest en de laatste jaren hebben er zeer ernstige incidenten plaatsgevonden tussen de twee landen, waarvan de ergste de moord was op Iraanse diplomaten in Mazar-i-Shariff in 1998. De nieuwe situatie zal bovendien voor een deel het ernstige probleem van de Afghaanse vluchtelingen oplossen en het is mogelijk dat Iran in de mondiale samenwerking binnenkort opnieuw de meest solide pijler van het Midden-Oosten wordt.

Ondertussen blijft het land in beroering en hebben zoiets

triviaals als een paar voetbalwedstrijden de gemoederen verhit en geleid tot rellen. De ontmoeting tussen de Iraanse en Ierse selectie op 15 november 2001 was een hoogtepunt. Vijfhonderd Ierse vrouwen hadden entreekaarten voor de wedstrijd in het stadion van Teheran om hun team toe te juichen, maar tegen de aanwezigheid van Iraanse vrouwen was een veto uitgesproken met als gevolg dat die vrouwen de straat opgingen om in een demonstratie dezelfde behandeling te eisen. Iran verloor en iedereen zei dat de spelers waren gedwongen om de wedstrijd weg te geven om zo een euforische uitbarsting te voorkomen die zou kunnen uitlopen op een volksopstand.

Nu ik het toch over opstand heb, ik ben natuurlijk blij om de verklaringen te lezen van de hervormster Masumeh Ebtehar, vice-president van Iran en minister van milieu, eenenveertig jaar, moeder van twee kinderen, feministe en moslim, in een interview dat ze gaf aan *El Pais* op 7 december 2001: 'We moeten de wet wijzigen zodat vrouwen gelijke rechten krijgen in het kader van het huwelijk en het gezinsleven... De mentaliteit van de samenleving moet worden veranderd, vooroordelen moeten worden uitgebannen en we moeten ervoor zorgen dat de opkomende rol van de vrouw collectief wordt aanvaard.' Laat Haji Baba zijn borst maar nat maken, want er zijn veranderingen op komst...

Ik heb de afgelopen maanden vaker gebeld en wat ik heb gehoord waren voorzichtige woorden: 'Het gaat goed met ons allemaal,' zegt Reza aan de andere kant van de lijn. 'Alles gaat hier zijn rustige gangetje, hoewel we niet zoveel toeristen meer zien. Degenen die naar Iran zouden komen, hebben hun reis geannuleerd en niemand denkt er nu aan om zijn vakantie door te brengen in dit deel van de wereld.' Ik stel me de grot voor, in stilte, zonder gesprekken of gezellige bijeenkomsten, zonder dampende glazen thee die van hand tot hand gaan; de jongens van 'Ali Baba's team' zitten verveeld op de stapels opgevouwen tapijten, Haji Baba zit te dommelen zonder dat er iemand is die hij in de gaten kan houden en Reza is een bonk zenuwen.

Ik weet ook dat het met Maryam goed gaat, de kinderen halen goede cijfers op school, meneer Ishimura, de binnenhuisarchitect uit Osaka, is langsgekomen zoals hij altijd doet aan het begin van de winter. Alleen mensen die in het vak zitten en Iraanse klanten komen naar de winkel, en de kleine internationale wereld die bruiste in de grot is met het verdwijnen van de toevallig voorbijkomende reizigers in rook opgegaan, in afwachting van betere tijden. Reza is ervan overtuigd dat de toeristen in de lente weer zullen komen, net zoals de trekvogels. 'Er zullen weer vrede en stabiliteit in Afghanistan komen,' zegt hij, 'en Iran zal baat hebben bij de nieuwe situatie. U zult zien, *khanume* Ana, dat we binnenkort zelfs toeristen uit de Verenigde Staten krijgen.' Ik hoop dat ik dat mag meemaken, zeg ik voor ik ophang, want ik weet zeker dat het niet lang meer zal duren of ik vertrek weer naar Iran.

CHRONOLOGIE

1979   Imam Khomeini keert terug naar Teheran. De revolutionairen nemen de officiële gebouwen in. Bezetting van de Amerikaanse ambassade en gijzeling.

1980   Bani Sadr wordt gekozen tot de eerste president van de Islamitische Republiek van Iran. Zuiveringsacties tegen linkse partijen. Begin van de nieuwe islamitische orde. Oorlog tussen Iran en Irak, die duurt tot 1988.

1981   De Noord-Amerikaanse gijzelaars worden vrijgelaten. Bani Sadr wordt afgezet. De nieuw gekozen president is Ali Khamenei.

1983   De communistische partij Tudeh wordt onwettig verklaard.

1985   Tweede ambtstermijn van Ali Khamenei als president. Khomeini wijst zijn opvolger aan: ayatollah Montazeri.

1986   Irangate: Verenigde Staten verkopen wapens aan Iran om gijzelaars in Libanon te bevrijden; hieruit komt een schandaal voort.

1988   Einde van de oorlog tussen Iran en Irak. Een staakt-het-vuren wordt niet ondertekend.

1989   Khomeini spreekt de *fatwa* uit tegen schrijver Salman Rushdie. Ayatollah Montazeri wordt ontheven van zijn opvolging en krijgt huisarrest. Dood van imam Khomeini. Ali Akbar Rafsanjani wordt tot president gekozen. Ali Khamenei wordt opvolger van Khomeini als Gids.

1993   Herverkiezing van Rafsanjani als president.

1997	Mohammed Khatami, een hervormer, wordt door een grote meerderheid gekozen, vooral door vrouwen en jongeren. De wil tot verandering wordt steeds meer kenbaar gemaakt.
1998	Khatami zoekt toenadering tot de Verenigde Staten. De burgemeester van Teheran, Karbaschi, een aanhanger van Khatami wordt gearresteerd en veroordeeld. Iran doet mee aan het wereldkampioenschap voetbal en wint in een gedenkwaardige wedstrijd van de Verenigde Staten. Vrouwen komen het stadion in. Moord op vijf intellectuelen, betrokkenheid van het ministerie van Informatie.
1999	Herdenking van 20 jaar revolutie. Voor de eerste keer gemeenteraadsverkiezingen en er komen vrouwen in de gemeenteraden. De perswet wordt verscherpt. De krant *Salaam* wordt verboden. Eerste kritische studentenbeweging in protest tegen de sluiting van de krant. Drie doden, veel gewonden en meer dan duizend arrestaties. Oud-minister van Binnenlandse Zaken Abdullah Nuri, een aanhanger van Khatami, wordt berecht.
2000	Een hervormingsgezinde meerderheid in het parlement na kamerverkiezingen. Aanslag op directeur van de krant *Sobh Emruz*. Conferentie in Berlijn over 'Iran na de verkiezingen'. Bij terugkomst in Iran krijgen de deelnemers een boete opgelegd of moeten ze de gevangenis in. De conservatieven verscherpen de perswet voor ze het parlement overgeven aan de voorstanders van liberalisering. Als laatstgenoemden deze wet willen veranderen stuiten ze op het veto van Khamenei, de Gids van de revolutie.
2001	Khatami wordt door een grote meerderheid herkozen tot president. De voetbalwedstrijd Iran-Ierland

voor het wereldkampioenschap loopt uit op een volksprotest als Iran verliest. De Iraanse vrouwen eisen net als de Ierse vrouwen die naar Teheran zijn afgereisd, te worden toegelaten tot het stadion. Iran stelt zich behoedzaam op na de gebeurtenissen van 11 september: de regering veroordeelt de aanslagen op de Twin Towers in New York en het Pentagon, hoewel ze geen vliegtuigen in hun luchtruim toelaten die Afghanistan moeten aanvallen.

2002 Iran wordt opnieuw gedemoniseerd door de Noord-Amerikaanse president Bush, wat weer leidt tot anti-Amerikaanse protestdemonstraties en een stap terug op de weg naar de liberalisering.

WOORDENLIJST

Ahlul Bait: de twaalf imams van Ahl-ul Bait (de mensen van het huis van de profeet, afstammelingen van Mohammed via zijn dochter Fatima.

Akhund: een geestelijke.

Bahai: een religie die van oorsprong Iraans is en die verwoord wordt door de boodschapper van de god Baha. Wordt streng vervolgd door de regering van de Islamitische Republiek omdat die het als een ketterij van de islam beschouwt.

Basiji: paramilitaire organisatie die strijdt tegen de vijanden van islam. Tegenwoordig is de organisatie ronduit in verval. Tijdens de oorlog tussen Iran en Irak gingen de *Basiji* vrijwillig naar het front om als martelaren te sterven.

Bazaar: daarmee wordt zowel de plek als de gemeenschap die er werkt, bedoeld. Het is het sociaal-economische zenuwcentrum van het land.

Bazari: een handelaar van de bazaar. Meestal zeer religieus, nationalistisch en liberaal wat economische standpunten betreft. Heeft niet alleen altijd de moskee financieel ondersteund, maar ook de revolutie in de hoop dat de situatie die daaruit zou voortkomen, voordelig voor hem zou zijn.

Bonyad: stichting die zich bezighoudt met de administratie van de goederen en bezittingen die in beslag zijn genomen of genationaliseerd tijdens de revolutie.

Chaikhane: theehuis.

Faludeh: een typisch Iraanse lekkernij die verkocht wordt in een plastic bakje en die gemaakt is van een soort witte pasta, overgoten met rozenwater, en die je heel koud moet eten. Faludeh wordt verkocht in ijswinkels.

Fiq: islamitisch canoniek recht.

Hejab: islamitische sluier.

Hezbollah: 'Partij van God'. De zuivere en strenge islamiet wordt *hezbollahi* genoemd.

Imam: in Iran zegt men Emam. In de soennitisch islamitische wereld gaat hij het gebed voor. Voor de sjiitische moslims zijn alleen de twaalf afstammelingen van de profeet (zie ook *seyyed*) imams hoewel de enige wettelijke imam de twaalfde is, de geheime, degene die nog moet komen. Ze gaven Khomeini deze titel toen hij terugkeerde uit Irak na een afwezigheid van een paar jaar.

Javanmard: een echte heer, welgesteld en oprecht, die volgens bepaalde morele waarden leeft. In de trant van *noblesse oblige.*

Majlis: het parlement dat bestaat uit honderdnegentig afgevaardigden die elke vier jaar worden gekozen.

Matalak: een compliment. Iraanse mannen geven vrouwen ook complimentjes op straat.

Mihrab: een gebedsnis in de vorm van een boog in de moskeeën, soms in een concave vorm, die in de richting van Mekka wijst. Als figuur in de bidkleedjes hebben ze dezelfde naam.

Moedjahedien Khalq: linkse moslims. Tegenwoordig een oppositiebeweging die gekozen heeft voor de weg van het terrorisme. Hun aanslagen hebben veel doden veroorzaakt. Aan het begin van de Revolutie van de Moedjahedien Khalq, Strijders van het Volk in de Heilige Oorlog, streden ze zij aan zij met de andere oppositiegroeperingen tegen het regime van Pahlavi, maar al snel schoof Khomeini ze op een zijspoor en legde hun represaillemaatregelen op.

Pasdaran: revolutionaire gardisten. Een elite-eenheid die in

1979 werd opgericht en officieel wordt beschouwd als een leger dat parallel functioneert naast het traditionele leger. Het bestaat uit zeer gemotiveerde vrijwilligers die een ideologische rol spelen, een soort lijfwacht van de republiek.

Perzië: de naam waaronder Iran bekend stond tot Reza Shah, de vader van de laatste sjah Mohammed Reza Pahlavi, hem veranderde. Iran betekent land van de Ariërs.

Raad van Experts: heeft de functie om de Gids van de revolutie aan te stellen en af te zetten. Deze raad wordt elke acht jaar door algemeen getrapte verkiezingen gekozen.

Raad van Hoeders van de Grondwet: onderzoekt of de wetten die worden voorgesteld door het parlement in overeenstemming zijn met de islamitische wet, verifieert of ze grondwettelijk zijn en keurt de kandidaten voor de verkiezingen goed of af.

Raad van Vaststelling van het Algemeen Belang: bemiddelt tussen de Raad van Hoeders van de Grondwet en het parlement.

Seyyed: voor ons zouden het afstammelingen van de Profeet zijn, maar aangezien Iraniërs alleen mannen als afstammeling beschouwen en Mohammed alleen maar een dochter had, is *seyyed* de afstammeling van Ali die getrouwd was met Fatima, de dochter van de Profeet. Bij gevolg betekent *seyyed:* hij die afstamt van de imam. De *seyyed* in Iran onderscheidt zich door een zwarte tulband te dragen. Khatami is *seyyed*, Khomeini was het ook, Rafsanjani daarentegen is het niet.

Ta'arof: het spel van sociale omgangsvormen. Deze hebben niets te maken met de oprechtheid die wij gewend zijn. Wil een uitnodiging echt gemeend zijn, dan moet deze minimaal driemaal zijn herhaald, tenzij er sprake is van een hechte vriendschap. Als iemand iets schenkt, dan wordt dit vriendelijk geweigerd tot er zo wordt aangedrongen dat het wordt aanvaard. Op bazaars of in taxi's kan de handelaar op die manier een betere prijs bedingen en de taxichauffeur een grotere fooi. Kortom, het is de kunst de ander te verplichten.

Taguti: na de revolutie werd alles wat luxe was – in tegenstelling tot het lelijke en het teleurstellende – zo genoemd door de trouwe revolutionairen. Het komt van *tagut* dat in de koran staat voor het Kwaad. Tijdens de revolutie was alles *taguti* wat betrekking had op het oude regime, wat corrupt en onzedelijk was. Tegenwoordig wordt deze term niet meer gebruikt.

Taqiyya of *ketman:* de officiële toestemming om het eigen geloof te verloochenen wanneer men wordt bedreigd of wanneer het noodzakelijk is.

Velayat-e faqih: toezichtsorgaan van islamitische rechtsgeleerden, een instelling die is opgericht door Khomeini en die het fundament van de grondwet van de Islamitische Republiek vormt. De Gids van de Revolutie, een geestelijke die is gespecialiseerd in het islamitisch recht, heeft de hoogste macht.

Zurkhane: 'Huis van kracht', een traditionele sportschool waar mannen oefeningen doen met behulp van grote hamers, op het geluid van de tamboer en het gezang van *Shahnameh* van Ferdosi. Tevens de plek waar vaak het politieke verzet werd georganiseerd.

BIBLIOGRAFIE

Abrahimian, Ervand, *Radical Islam: the Iranian Mojaedin*, I.B. Teuris, Londen, 1989.

Abdelkhah, Fariba, *La revolución bajo el velo*, Ed. Bellaterra, Barcelona, 1996.

–, *Being Modern in Iran*, Hurst & Company, London, 1999.

Amirahmadi, Hoshang, *Revolution and Economic Transition: The Iranian Experience*, State University of New York Press, Albany, 1990.

Amuzegar, Jahangir; *Iran's Economy under the Islamic Republic*, I.B. Taurus-St. Martin Press, Londen-New York, 1993.

Balta, Paul, e.a., *Le conflict Iran-Irak. 1979-1989*, La Documentation Française, Parijs, 1989.

Corbin, Henry, *Traité des compagnons-chevaliers*, Institut Franco-Iranien de Recherche, Maisonneuve, Teheran-Parijs, 1973.

–, *L'Islam iranien*, 4 delen, Parijs, 1971-1974.

Diverse auteurs, *Jeunesse d'Iran*, Autrement, Parijs.

Fathi, Asghar, *Women and the Family in Iran*, Brill, Leiden, 1985.

Khosrokhavar, Farhad en Olivier Roy, *Irán de la Revolución a la Reforma*, Bellaterra, Barcelona, 1999.

Loti, Pierre, *Vers Isfahan*, Sahab, Teheran, 1978.

Diverse auteurs, *Teheran*, Autrement, Parijs.

Motaharí, Morteza, *La ética sexual en el Islam y en el mundo occidental*, Fundación del Pensamiento Islámico, Teheran, 1987.

Naficy, H., *The making of exile cultures. Iranian Television I Los Angeles*, University of Minnesota Press, Minneapolis, 1993.

O'Shea, Maria, *Iran Culture Shock*, Kuperard, 1999.

Roy, Olivier, *L'échec de l'islam politique*, Éditions du Seuil, Parijs, 1992.

Segura, Antoni, *Más allá del Islam*, Alianza, 2001.

Shariati, Ali, *Histoire et Destinée*, textes choisis, Parijs, 1982.

Un ramo de flores, samengesteld door ayatollah Seiyed Kamal Faqih Imani, Centro de Investigación Islámica Amir Al-Mu'minin Ali, Isfahan, 2000.

Yann, Richard, *L'Islam chiite*, Parijs, 1991.

Yavari-d'Hellencourt, Nouchine e.a., *Les femmes en Iran, pressions socials et stratégies identitaires*, L'Harmattan, Parijs, 1998.

INTERESSANTE WEBPAGINA'S
OVER IRAN

www.ana-briongos.net

www.ankaboot.com: biedt ruim vijfhonderd webpagina's over Iran

www.netiran.com: webpagina van de Iraanse regering. Informatie over ambassades en douaneformaliteiten

www.iranmania.com: politieke actualiteiten, cultuur en sport

www.payvand.com: diverse informatie over Iran

www.iran-daneshjoo.org: informatie over bedrijven

www.badjens.com: interessante webpagina over vrouwen

MET DANK AAN

Mijn moeder Luisa voor het lezen, corrigeren, commentaar leveren en geven van haar mening.

Toni, mijn man, voor zijn goede adviezen, en Ana en Quico, mijn kinderen, voor hun steun en aanmoediging.

Silvia Querini voor haar werk als redactrice en haar vriendschap en Jordi Esteva voor het lezen en geven van zijn mening.

Javier Fernández de Castro en Eduardo Suárez die in mij geloofden toen ik met schrijven begon en die mij nog steeds steunen.

Hossein Peyghambari, Hassan Mortazavi, Medi Kolahozan, Hassan en Zahra, Hassan, Abas, Zaid en ander vrienden van de tapijtwinkel Nomad in Isfahan voor hun ongelooflijke vriendelijkheid. Ali Hakimi, Shahram Sadrarhami, Ahmed en Hessam Kolahdouzan, Hamid y Ahmed Hazegh van Khayyam Carpets, Gholomali Moviri, Kezamsan Aktali, Majid Esmaeli van het House of Isfahan Carpets, alle tapijthandelaren van de Bazar Farsh Amin en de Chitsazha Bazar van Isfahan. Ingenieur Shirin Souresrafil, tapijtdeskundige, voor haar hulp en boeken.

Behroz Beizavi, dichter uit Isfahan.

Behruz en Luisa, Homayun, Fariba, Ghazeleh en *khanume* Ajtari voor de eer van hun vriendschap en hun onvoorwaardelijke hulp.

Hamid en Jadiya.

Nahid en Ali.

Ali Nader en Houri.

De dichter en schrijver Parviz Kalantari, die me zijn kennis aanbood via een vriendin.

De meestergraveur in goud, zilver en andere metalen Ali Saee uit Isfahan en zijn zoon.

De miniatuurschilder Hossein Fallahi, zijn zoon en schoonzus en de miniatuurschilder M. Sharifian, allemaal uit Isfahan.

De fotograaf Beheshti van de 'filmiran' uit Isfahan.

Afsjin voor zijn hulp via e-mail bij twijfels op het laatste moment.

Rahimali Karimi van de molen voor kleurstoffen op de bazaar Rangrazha in Isfahan.

De medewerkers van De Viaje, Altaïr en Iran Sara.

En alle mensen die ik zonder te willen ben vergeten, of van wie ik me de naam niet herinner, of nooit heb geweten, mensen die me hebben geholpen, ontvangen, rondgeleid, thee hebben aangeboden, met me hebben gesproken, gedichten hebben voorgelezen, liederen hebben voorgezongen, met wie ik onvergetelijke momenten in Iran heb beleefd.

Alison Wearing
HUWELIJKSREIS IN HIJAB
Gesluierde rondreis door Iran

Samen met haar vriend Ian reist Alison Wearing een half jaar door Iran. Gekleed in de traditionele lange zwarte gewaden komt zij op plaatsen die gewoonlijk verborgen blijven voor het westerse oog. Ze ontmoet de meest uiteenlopende mensen: een achtjarig meisje dat volgend jaar gaat trouwen, een anglicaanse dominee, een jonge opiumhandelaar en talloze zwartgesluierde islamitische vrouwen, die een heel andere kijk op de wereld hebben dan Alison. Deze mensen laten haar Iran zien zoals maar weinig mensen het kennen: een uitzonderlijk land vol gastvrije en hartelijke mensen, waar moderne normen en waarden op vaak uiterst ingenieuze wijze samengaan met oude gebruiken. Zonder haar ogen te sluiten voor de armoede en de positie van de vrouwen, vertelt Alison Wearing met veel humor over haar belevenissen in dit bijzondere land.

'Het echte leven van vrouwen achter de sluier' *Amazon.com*

'Een heel speciale reis' *Library Journal*

'Een verfrissende kijk op een land met een "strenge" reputatie' *Nouveau*

Alison Wearing is journalist en woont in Canada. Ze heeft veel gereisd, onder andere door China, Rusland en Peru. *Huwelijksreis in hijab* is haar eerste boek.

ZILVER POCKET 148
ISBN 90 414 6061 X